Titel der Originalausgabe/Originally published in the U.S.A. under the title:
Help! I'm a Student Leader

Translated by Sammy Dittmann
Published by permission of Zondervan, Grand Rapids, Michigan/USA

1. Auflage 2010

ISBN: 978-3-942563-02-4

Verwendete Bibelübersetzungen:
Gute Nachricht Bibel (GNB), © Deutsche Bibelgesellschaft
Hoffnung für Alle (HFA), © Brunnen Verlag Basel und Gießen
Luther 1984 (LUT), © Deutsche Bibelgesellschaft
Neue Genfer Übersetzung (NGÜ), © Genfer Bibelgesellschaft
Neues Leben (NL), © Hänssler Verlag

Übersetzung: Sammy Dittmann
Lektorat: Sören Koch, Rosi Hullen
Coverbild: iStockPhoto
Umschlaggestaltung: SimplyYouthMinistry
Satz: dtp SYM
Druck und Verarbeitung: CPI - Clausen & Bosse, Leck

Inhalt

Für meinen Jugendpastor Jim Burns

Jim!

Du hast an mich geglaubt, als ich noch ein Teenager war. Du hast mich herausgefordert, das Herz eines Mitarbeiters und Leiters zu entwickeln, und hast mir die Chance gegeben, Gott mit meinen Gaben zu dienen. Ich werde dir für immer dankbar sein. Du bist super!

Neben Jim möchte ich all meinen Freunden danken, die mir geholfen haben dieses Buch zu schreiben. Dennis Beckner war eine sehr große Hilfe; Matt McGill hat (mal wieder) jedes einzelne Wort gelesen und viele gute Ideen eingebracht. Danke auch an Linda Kaye und das Team von SimplyYouthMinistry.

Einige Jugendliche von Saddleback Church haben das Skript gelesen und ihre Ideen waren sehr bereichernd: Michael Rosenbaum, Tom Hester, Sara Mimbs, Laura Alden, Rachel Gochenour, Curtis Hill, und Alyssa Holladay (Alyssas Gedanken findest du übrigens am Ende jedes Kapitels) – Ich freue mich sehr über euren Einsatz bei Saddleback.

Leider ist das nicht möglich, aber ich würde gerne jeden einzelnen Teenager hier auflisten, der in den letzten Jahren Verantwortung für den Dienst in unserer Gemeinde übernommen hat. Es war schön zu sehen, wie eure Liebe zu Jesus gewachsen ist und ihr ihm gedient habt.

Und natürlich will ich meiner großartigen Familie danken: Cathy: Ich liebe es, dein Mann zu sein. Torie, Cody und Cassie: Ich liebe es, von euch „Papa“ genannt zu werden und zu beobachten, wie ihr auch Leiter und Mitarbeiter werdet. Danke für eure Unterstützung.

Doug

Hallo!

Infos zur deutschen Ausgabe

Toll, dass du dieses Buch liest. Du bist schon bis zur 5. Seite gekommen. Bevor es richtig losgeht, noch einige kleine Erklärungen:

Das Wort „Leiter" ist für einige abschreckend. Es hört sich groß und unerreichbar an. Vielleicht verbindest du damit etwas Langweiliges oder sogar Verletzendes.
Es gibt aber einen Grund, warum wir es dennoch verwenden: Es geht uns nicht darum, nur Menschen mit besonderen Aufgaben oder Fähigkeiten als Leiter zu bezeichnen. Wir gehen davon aus, dass jeder ein Leiter sein kann. Auch du. Egal wie alt du bist. Jeder kann seine Welt verändern.
Dieses Buch soll dir dabei helfen, der beste Leiter zu sein, der du für und mit Gott sein kannst. Wie das genau aussieht, hängt von deiner Persönlichkeit und Begabung ab. Probier es einfach mal aus.

Wir benutzen die Worte „Leiter" und „Mitarbeiter" in diesem Buch oft austauschbar. Klar, es gibt dazwischen Unterschiede, aber die Prinzipien, die du umsetzen kannst, sind gleich – egal ob du dich lieber als „Mitarbeiter" oder als „Leiter" bezeichnest. Also lass dich bitte nicht von den Begriffen iritieren.

Außerdem benutzen wir immer nur die männliche Form. Der Grund dafür: Wir sind zu faul, jedes Mal beide Formen zu schreiben, und möchten niemanden verwirren, indem wir sie abwechselnd benutzen. Es soll nichts über unsere Theologie oder Einstellungen zu Frauen als Leiterinnen oder Mitarbeiterinnen aussagen. Im Gegenteil: Liebe Mädels! Wir glauben an euch und euer Leiter-Sein.

Auf jeder Seite gibt es unten unser „Halt-durch-O-Meter". Es zeigt an, wie weit du in dem Buch bzw. in dem Kapitel schon gelesen hast.

Sören (und das Team von SimplyYouthMinistry)

Ein Versprechen an dich

Es ist sehr wichtig, dass du das liest

Ich will mit einem Versprechen beginnen: Wenn du dieses Buch von der ersten bis zur letzten Seite liest, über die Ideen nachdenkst, mit anderen Leitern oder Mitarbeitern besprichst und die Prinzipien umsetzt, wirst du dich verändern. Du wirst nie wieder derselbe sein.

Dieses Buch ist randvoll mit Tipps und Ideen, die dir dabei helfen, als Leiter und Mitarbeiter zu wachsen. Ich habe schon oft erlebt, wie Jugendliche sich unglaublich verändert haben: Einige von ihnen dachten nicht im Traum daran, irgendwann einmal Verantwortung zu übernehmen oder ein Mitarbeiter und Leiter zu werden. Sie hatten überhaupt keine Ahnung, was das bedeutet. Aber sie haben es geschafft und sind nun gute Leiter.

Ich möchte dir zeigen, was es heißt, ein guter Leiter und Mitarbeiter für Gott zu sein. Öffne dein Herz und bereite dich darauf vor, dass er etwas Großes mit deinem Leben vorhat.

Als Teenager hätte ich sehr gerne ein Buch wie dieses gelesen. Genau wie du war ich damals Teil einer Jugendgruppe und wurde Mitarbeiter. Aber ehrlich gesagt wusste ich gar nicht, was das genau bedeutete und wie das Herz eines Leiters sein sollte.

Ich hatte einfach nur das Glück, einen Jugendpastor zu haben, der an mich geglaubt hat und etwas in mir sah, das ich selber nicht erkennen konnte. Als ich in der neunten Klasse war, kam Jim (mein Jugendpastor) zu mir und sagte: „Doug, ich möchte, dass du mit zu unserem Mitarbeiter-Wochenende kommst. Ich glaube nämlich, dass du anderen etwas geben kannst, und ich will dich auf deinen Dienst vorbereiten."

Ich hatte keine Ahnung, wovon Jim redete, aber ich mochte ihn. Deswegen habe ich „Ja" gesagt.

Dann versuchte ich ihn zu überreden, die Kosten für mich zu übernehmen. Er stimmte zu und ich fuhr mit. Mein Leben veränderte sich und ich war nie wieder derselbe.

Dieses Buch ist eine Art Leiter-Wochenende, an dem du teilnimmst. Ich hoffe, dass jemand für dich bezahlt hat (also dir dieses Buch geschenkt hat) und dass du bereit bist, mit mir auf diese Reise zu gehen.

Ich möchte dir beibringen, was ich in den letzten 25 Jahren als Jugendpastor gelernt habe und was ich bereits vielen jungen Leitern weitergeben konnte.

Ich habe dieses Buch für Jugendliche geschrieben, die bereit sind, in meiner eigenen Gemeinde Leitungsaufgaben zu übernehmen. Ich schätze sie sehr und möchte, dass sie immer bessere Leiter werden. Bitte lies dieses Buch so, als ob du einer der Jugendlichen in meiner Jugendgruppe wärst; jemand, der mir wichtig ist und den ich im Glauben wachsen sehen möchte – ein Leiter, der für Jesus Christus die Welt verändern möchte.

Du bist jemand, den Gott für seine Ehre benutzen möchte!

> Zwei Fragen an dich (vielleicht wunderst du dich über die Fragen, aber ich erkläre sie sofort):
>
> 1. Bist du bereit für dieses Leiter-Wochenende?
> 2. Würdest du über dich sagen, dass du ein Leiter bist?
>
> Wenn du eine der beiden Fragen mit "Nein" beantwortet hast, möchte ich dir gerne eine weitere Frage stellen:
> Was muss sich verändern, damit du für dieses „Leiter-Wochenende“ (das Buch lesen) bereit bist und dich selbst als Leiter sehen kannst?
>
> Nimm dir eine Minute Zeit, darüber nachzudenken.

Hier kommt der Grund für meine Fragen: Wenn du dir selbst nicht zutraust ein Leiter zu sein, wirst du dieses Buch wahrscheinlich nur überfliegen und viel verpassen. Du wirst nicht darüber nachdenken, wie die Ideen und Herausforderungen dich und die Menschen in deiner Umgebung beeinflussen könnten. Das wäre sehr schade. Ich möchte dir so gerne die Augen dafür öffnen, damit du siehst, wie Gott dich nicht nur als Mitarbeiter, sondern als Leiter benutzen will.

Die Wahrheit ist: Viele Menschen wären gute Leiter, aber sie trauen es sich nicht zu, weil sie ein falsches Verständnis von Leitung haben.

Du kannst ein Leiter sein, wenn du...

- eine Beziehung zu Gott hast,
- offen für Wachstum bist,
- gerne dazu lernst,
- anderen helfen möchtest,
- Herausforderungen annehmen kannst,
- dein Leben nicht verschwenden möchtest.

Du wirst sehr schnell merken, dass Leiter-Sein nichts mit Beliebtheit zu tun hat (das denken aber viele). Es geht auch nicht um Ausstrahlung und du musst nicht vor einer Gruppe stehen und Vorträge halten.

Es gibt zwei Erkennungsmerkmale für großartige Leiter:

1. Du möchtest Gott dienen und
2. du möchtest anderen helfen.

Mehr brauchst du nicht.

Möchtest du das?

Dieses Buch wird dir dabei helfen, diesen Wunsch in deinem Leben umzusetzen.

Zusammenfassung

Und eine Herausforderung

Um dieses Buch persönlich werden zu lassen, habe ich in jedem Kapitel Herausforderungen für dich aufgeschrieben. Sie sollen dir helfen, die Tipps aus dem Buch in deinem Leben umzusetzen.

Nimm dir einen Moment Zeit und schreibe deine Definition eines Leiters auf. Keine Angst: Es gibt keine richtige oder falsche Antwort. Am Ende des Buches werde ich dich bitten, noch eine Definition von Leitern aufzuschreiben. Dann kannst du die beiden Definitionen miteinander vergleichen und sehen, ob du etwas gelernt hast und ob sich dieses Buch für dich gelohnt hat.

Meine Definition eines Leiters (vor dem Lesen dieses Buches)

Meine Definition eines Leiters (nach dem Lesen dieses Buches)

Ich bin Gott sehr dankbar für Menschen, die ihr Leben nicht verschwenden wollen, sondern einen Unterschied machen wollen, in dem sie ihre Welt verändern. Schön, dass du einer von ihnen bist.

Doug Fields

Was Alyssa dazu sagt

Am Ende von jedem Kapitel findest du eine kleine Zusammenfassung und Kommentare von Alyssa. Alyssa ist ein Mädchen aus unserer Jugendgruppe und ich habe sie gebeten, ihre Gedanken zu jedem Kapitel aufzuschreiben.

Sie ist ziemlich schlau, liebt Jesus, ist eine herausragende Leiterin und ihre Kommentare zeigen dir eine andere Perspektive auf. Es wird dir Spaß machen, sie zu lesen.

Außerdem kannst du in das Herz einer jungen Leiterin sehen, die viele Bereiche des Lebens gleichzeitig meistern möchte: Jesus nachfolgen, die Schule überleben, in der Jugendarbeit mitarbeiten, Zeit mit der Familie verbringen und ein Leiter sein. Alyssa ist – genau wie du – eine normale Jugendliche, die Gott dient.

1 Leiter machen keine halben Sachen

2

3

4

5

6

7

8

9

1

Leiter machen keine halben Sachen

Wenn du den Chef einer großen Firma nach seiner Definition für Leiterschaft fragen würdest, würde er wahrscheinlich die Worte Enthusiasmus, Antrieb, Macht, Präsenz oder Kompetenz verwenden. An so etwas denken die meisten Menschen, wenn sie an Leiten oder Leiterschaft denken.
Aber wenn du dir anschaust, welche Anforderungen Jesus an seine engsten Nachfolger stellt, wirst du sehen, dass für ihn etwas ganz anderes wichtig ist:

Dienen.

Das was Jesus von seinen Leitern und Mitarbeitern erwartet, ist nicht attraktiv. Vielleicht wird es dich irritieren, aber Jesus erwartet von ihnen, dass sie dienen. Und darum geht es in diesem Buch.

Ich kann mir gut vorstellen, dass du dir nicht sicher bist, ob du wirklich ein Leiter sein willst, wenn es bedeutet, dass du dienen sollst. Ich kann das verstehen. So etwas erwartet man nicht. Aber wenn du Jesus nachfolgen willst, wirst du feststellen, dass die Hauptaufgabe eines biblischen Leiters ist, anderen zu dienen. Lies den folgenden Vers sehr genau durch, um zu verstehen, was sich Jesus von seinen Nachfolgern wünscht:

Da rief Jesus sie alle zusammen und sagte: Ihr wisst, dass die Herrscher über die Völker sich als ihre Herren aufführen und

dass die Völker die Macht der Großen zu spüren bekommen. Bei euch soll es nicht so sein. Im Gegenteil: Wer unter euch groß werden will, soll den anderen dienen.
(Matthäus 20,25-26 - NGÜ)

Diese Idee von Jesus ist entweder vollkommen durchgeknallt – oder absolut brillant. Und weil Jesus schließlich Gott ist, lass uns mal annehmen, dass seine Ideen zu Leiterschaft in die zweite Kategorie fallen.

Unter den ersten 12 Männern, die mit Jesus zusammen leiten sollten, waren fünf Fischer und ein Finanzbeamter. Von den anderen wissen wir den Beruf nicht.
Manchmal frage ich mich, wieso Jesus ausgerechnet ganz durchschnittliche Männer ausgewählt hat, und nicht angesehene Leiter. Was auch immer der Grund war, eins ist sicher: Der größte Leiter, der jemals lebte (Jesus), suchte sich ganz normale Jungs aus, die mit ihm gemeinsam leiten sollten.

Für Jesus gehörten Leiten und Dienen immer zusammen. Diese Einstellung hat er deutlich gemacht, indem er sich selbst als Diener beschrieb – und nicht als König:

Denn auch der Menschensohn [Jesus] ist nicht gekommen, um sich dienen zu lassen, sondern um zu dienen und sein Leben als Lösegeld für viele hinzugeben.
(Matthäus 20,28 - NGÜ)

Jesus hat nicht nur einfach über das Dienen geredet. Er hat es vorgemacht. Er stellte andere Menschen an erste Stelle und nahm eine Position ein, in der er dienen musste. Diese Einstellung führte ihn am Ende bis zum Kreuz – er diente den Menschen, indem er für sie starb.

Jesus diente, ohne Bedingungen zu stellen, und der größte Akt des Dienstes war gleichzeitig auch der größte Akt der Liebe und Leitung, den die Welt je gesehen hat: Jesus geht voran und macht den Weg zu Gott frei.

Denk darüber mal einen Moment nach: Jesus – Gott als Mensch.

Allmächtig, allwissend, 100% Gott, und trotzdem: 100% ein Diener – für jeden. Er diente den Obdachlosen, den Sündern, den Außenseitern, den Einsamen, den Armen.

Ein Diener? Ja.
Ein Leiter? Auf jeden Fall!

Durch seinen Dienst gründete und leitete Jesus eine Bewegung (seine Gemeinde), die bis heute Menschen positiv verändern kann.

Meine Definition von Leiten würde diese beiden Worte beinhalten: anderen dienen und sie positiv beeinflussen. Jesus tat beides.

Das ist Leiten.

Wenn du ein Leiter sein willst, dann musst du lernen wie Jesus zu leiten. Wie kann man das lernen? Indem du dienst.

Wenn du dienst, wirst du nicht nur leiten, sondern du kannst auch das Bild von Leiterschaft in deiner Gemeinde, deiner Jugendgruppe, deiner Familie und in deiner Schule verändern.

Viele Menschen sehen Leiten als eine Möglichkeit, Macht über andere auszuüben und ihrer Meinung eine Stimme zu verleihen. Aber betrachte Leiten mal anders: als Gelegenheit, anderen zu dienen. Wenn du das tust, wirst du als Leiter Erfolg haben und Jesus ähnlicher werden.

Ein gutes Vorbild finden

Diene wie Jesus

Der Apostel Paulus fordert uns heraus, so zu dienen wie Jesus, und betont dabei Dienstbereitschaft und Bescheidenheit:

> *Das ist die Haltung, die euren Umgang miteinander bestimmen soll; es ist die Haltung, die Jesus Christus uns vorgelebt hat. Er, der Gott in allem gleich war und auf einer Stufe mit ihm stand, nutzte seine Macht nicht zu seinem eigenen Vorteil aus. Im Gegenteil: Er verzichtete auf alle seine Vorrechte und stellte sich auf dieselbe Stufe wie ein Diener. Er wurde einer von uns – ein Mensch wie andere Menschen.*
> *(Philipper 2,5-7 - NGÜ)*

Paulus hat den Christen (also uns) gesagt, dass sie wie Jesus sein sollen. Natürlich wird keiner von uns perfekt sein– was schade ist, weil auf dem Wasser gehen bestimmt witzig ist. Aber was bedeutet es, wie Jesus zu sein?

Es ist mehr, als ein WWJD-Armband* zu tragen. Es bedeutet, seinen Charakter anzunehmen, also ein Diener zu sein.

Dir wird auffallen, dass Leiten und Dienen Hand in Hand gehen. Ich möchte unbedingt, dass du das verstehst, bevor du das nächste Kapitel liest. Wenn du als Leiter effektiv sein willst, musst du anderen dienen.

In vielen Jugendarbeiten besteht die Leitung aus Jugendlichen, die gut aussehen, witzig und extrovertiert sind. Gewissermaßen diejenigen, die einen Beliebtheitswettbewerb in der Jugendgruppe gewinnen würden. Aber das ist nicht der richtige Weg, um Leiter und Mitarbeiter auszuwählen.

Beim Leiten geht es nicht um Beliebtheit, sondern um Dienst. Wenn du anderen nicht dienst, bist du kein biblischer Leiter. Mir ist es nicht wichtig,

* What Would Jesus Do – Was würde Jesus tun?

wie beliebt, extrovertiert oder hübsch du bist. Wenn du ein Leiter sein willst, musst du ein Diener sein.

Eine Reihe von Jugendlichen aus meiner Jugendgruppe waren begeistert und wollten sehr schnell Teil des Leitungsteams werden, das ich neu starten wollte. Bei unserem ersten Treffen betonte ich, dass biblische Leiterschaft (Leiten wie Jesus) Dienstbereitschaft und Bescheidenheit erfordert. Ein biblischer Leiter zu sein bedeutet nicht automatisch, dass man Ansehen und Macht bekommt. Nach diesem Treffen war die Begeisterung deutlich kleiner. Viele waren enttäuscht: Ihre Idee von Leiter sein sah eher so aus: Auf der Bühne stehen, wichtige Entscheidungen bezüglich der Veranstaltungen treffen und Mitspracherecht haben. Nur ans Dienen dachten sie nicht.

Unser Leiterteam war am Anfang sehr klein. Nur wenige Jugendliche wollten Verantwortung als Leiter übernehmen. Es gab nicht viele, die dienten. Die wenigsten waren bereit Müll aufzuheben, Stühle zu stapeln und Freundschaften mit neuen oder unbekannten Jugendlichen zu schließen. Mit anderen Worten: Wir hatten viele Teens, die gerne als Leiter angesehen sein wollten, aber nur wenige, die als Leiter dienen wollten.

Das Rückgrat von biblischer Leiterschaft (egal ob in der Gemeinde, Schule, zu Hause in der Familie, bei Freunden etc.) ist einfach zu verstehen, aber schwierig umzusetzen: Diene!

Wenn du dienen lernst, wirst du ein einflussreicher Leiter.

Du stehst jetzt am Anfang deiner Reise als Leiter. Unser gemeinsames Wochenende hat gerade erst angefangen. Gib nicht auf, wenn du das Gefühl hast, dass du kein guter Leiter bist.

Bete, dass Gott dich zu der Art von Leiter macht, die er sich wünscht.

Es werden noch viele hilfreiche Tipps in diesem Buch für dich zu finden sein. Ich werde dich in einigen Bereichen sehr herausfordern, aber ich will es auf sehr nette Art und Weise versuchen.

Was hat das alles mit mir zu tun?

Mach mit

Ich habe einer Kleingruppe mal folgende Frage gestellt: „Welchen Menschen würdest du als guten Mitarbeiter Gottes bezeichnen?“ Paul, ein Neuntklässler, antwortete: „Gottes Mitarbeiter sind geistliche Helden, denen alles gelingt und die schon mindestens fünf Jahre nicht mehr gesündigt haben.“

Es hat mir Spaß gemacht, Paul und seiner Kleingruppe zu zeigen, dass das nicht richtig ist. Gottes Mitarbeiter in der Bibel waren oft unvollkommen und unqualifiziert. Sind das nicht gute Neuigkeiten? Für mich schon, weil ich ebenfalls unvollkommen und oftmals auch unqualifiziert bin.

Die Bibel beschreibt an keiner Stelle genau, wie ein Leiter sein muss. Gott zeigt uns in der Bibel viele unterschiedliche Leiter, die eine Sache gemeinsam hatten: Sie waren unvollkommen. Hier ist eine kleine Liste der Menschen, die Gott benutzt hat, um großartige Dinge zu tun.

- **Jona:** Gott bat ihn, in der Stadt Niniveh zu predigen. Er gehorchte nicht, sondern reiste in die entgegengesetzte Richtung. Trotzdem hat Gott ihn benutzt, um die ganze Stadt auf einen guten Weg zu bringen.

- **Abraham:** Er hat gelogen, um sich selbst zu schützen. Das hat ihn fast seine Frau gekostet. Aber er glaubte an Gottes Versprechen, und deswegen nannte Gott ihn gerecht. Er wurde der Vater des gesamten israelitischen Volkes.

- **David:** Er hat Ehebruch begangen, ein uneheliches Kind gezeugt und einen unschuldigen Mann töten lassen, um seine Sünde zu vertuschen. Er bat Gott um Vergebung. Gott nannte ihn danach „einen Mann nach seinem Herzen“ (Apostelgeschichte 13,22). Für viele hundert Jahre war David in den Augen des Volkes das Musterbeispiel eines guten Königs.

- **Petrus:** Ein impulsiver Jünger, der so tat, als ob er Jesus nicht kennt, um sich selber zu retten. Seine große Klappe hat ihn immer wieder in Schwierigkeiten gebracht. Trotzdem hat Gott ihn benutzt, um seine Gemeinde zu bauen.

Gott benutzte Ungehorsame, Lügner, Ehebrecher, Großmäuler und Angsthasen. Ist das nicht unglaublich?

Gott ist spezialisiert darauf, aus Verlierern richtig gute Leiter zu machen.

Lass dich nicht von deiner Vergangenheit daran hindern, das zu sehen, was Gott in der Zukunft mit dir vorhat. Wenn Gott einen Mörder zu einem guten Mitarbeiter und eine Prostituierte zu einer Beschützerin* machen kann, dann kannst du dir sicher sein, dass er dich ebenfalls gebrauchen kann. Mit allen Fehlern, die du vielleicht hast.

Nachdem ich meiner Kleingruppe diese wichtige Wahrheit erklärt hatte, sagte Paul zu mir: „Doug, immer wenn mir jemand so etwas erzählt, dann bekomme ich das Gefühl, dass es Gott egal ist, wie ich mich verhalte. Es ist so, als ob ich den größten Mist bauen könnte, und Gott macht mich trotzdem zu einem Leiter."
Ein interessanter Gedanke, aber nicht ganz korrekt. Es ist Gott nicht egal, was wir tun, unser Verhalten ist auf jeden Fall wichtig. Allerdings: Wenn Gott nur perfekte Menschen gebrauchen würde, dann wäre Jesus der einzige biblische Leiter, den es je gab.

Gott hat Standards. Die Menschen, die uns in der Bibel beschrieben werden, wurden von Gott verändert, als sie sich vor ihm gedemütigt haben. Gott hat ihre Unvollkommenheit und ihre Bescheidenheit gesehen und sie benutzt, um große Dinge zu erreichen. Allerdings mussten sie auch mit den Konsequenzen ihres Handelns leben.

Demütige Menschen, die Bedürfnisse anderer vor ihre eigenen stellen und ehrlich dienen wollen, haben die größten Chancen, Leiter Gottes zu werden.

* Apostelgeschichte 9,1-31 und Josua 2.

[redacted]

Bist du bereit dafür? Wenn du die Erwartung aufgibst, dass alle um dich herum nur für dich da sind, und anfängst Gott zu dienen, wirst du überrascht sein: Du wirst gesegnet werden, Jesus wird Ehre bekommen und andere Menschen werden Schritte auf Jesus zugehen.

Bestimmt kennst du Leiter und Mitarbeiter, deren Leben bisher chaotisch und kaputt war. Gott möchte besonders diese unperfekten Menschen benutzen. Und wenn ihre Herzenseinstellung stimmt und sie bereit sind zu dienen, findet Gott Wege dafür.

Ich bin mir sicher, dass du Gottes Voraussetzungen für Leiter auf jeden Fall erfüllen kannst.

Nichts an die große Glocke hängen

Diene unauffällig

Jede Woche kommt Steven früher, um die Tische und Stühle für unseren Gottesdienst zu stellen. Wenn er damit fertig ist, verteilt er Stifte und Flyer auf den Tischen. Steven macht diesen Job bereits seit zwei Jahren. Ich glaube, ich bin die einzige Person, die das überhaupt weiß. Steven ist der Typ Mensch, der gar nicht will, dass die anderen über seinen Dienst Bescheid wissen. Er macht diese Aufgabe nicht, um von seinen Freunden gelobt zu werden. Er will Gott dienen.

Seine Belohnung für die ganze Mühe wird sichtbar, wenn man ihn beobachtet, während die ersten Jugendlichen langsam in den Saal kommen: Wenn sie sich an die Tische setzen, die Flyer lesen und mitschreiben, ist Steven ein bisschen stolz. Kein arroganter Stolz – eher das Wissen, dass sein Einsatz wichtig war. Er hat Anteil an unserer Jugendarbeit, weil er sich mit seiner Zeit, seinem Herzen und seinem Dienst in diese Arbeit investiert hat.

Was ich an Steven so schätze, ist, dass sein Dienst viele Menschen beeinflusst, er aber nicht darauf aus ist, dafür gelobt zu werden. Er ist ein herausragendes Beispiel für einen echten Diener.

Diene nicht, damit du Anerkennung bekommst; diene, weil du Gott gehorsam sein möchtest und andere durch deinen Dienst beeinflussen willst.

Und mal ganz nebenbei: Das Lob, das du von anderen Menschen bekommst, steht in keinem Vergleich zu dem Segen, den Gott dir geben wird, wenn du im Stillen dienst. Steve verkörpert dieses Prinzip des Leitens, weil er folgende Sätze von Jesus verstanden hat:

Hütet euch, eure Frömmigkeit vor den Menschen zur Schau zu stellen! Sonst habt ihr von eurem Vater im Himmel keinen Lohn mehr zu erwarten. Wenn du zum Beispiel den Armen etwas gibst, lass es nicht vor dir her mit Posaunen ankündigen, wie es die Heuchler in den Synagogen und auf den Gassen tun, um von den Leuten geehrt zu werden. Ich sage euch: Sie haben ihren Lohn damit schon erhalten. Wenn du den Armen etwas gibst, soll deine linke Hand nicht wissen, was die rechte tut. Was du gibst, soll verborgen bleiben. Dann wird dein Vater, der ins Verborgene sieht, dich belohnen.
(Matthäus 6,1-6 – NGÜ)

Jedes Mal wenn du zu einer Jugendveranstaltung gehst, dann triffst du eine Entscheidung: Entweder du bist ein Konsument (andere dienen dir) oder du bist ein Diener (du dienst anderen). Wenn du dich entscheidest, anderen zu dienen, wird Gott durch dich großartige Dinge erreichen können.

Und noch besser: Wenn du ohne Anerkennung und Lob zu suchen dienst, wird Gott dich so sehr belohnen, dass das Lob dieser Welt dagegen lächerlich aussieht.

Was wäre dir lieber? Wenn dir ein anderer Mitarbeiter sagt: „Gut gemacht! Danke!" Oder wenn Gott dein Herz und deinen Dienst sieht und dein Leben segnet?

Die Antwort scheint eigentlich logisch. Wenn du etwas tust, um von anderen gelobt zu werden, dann wird das Lob bald wieder verhallen. Wenn du dienst,

[redacted]

weil du Gott gehorchen willst, dann wirst du dafür so extrem belohnt werden, dass ich es leider nicht beschreiben kann, weil mir dafür die Worte fehlen.

Jesus sagt es folgendermaßen:

Dann wird dein Vater, der ins Verborgene sieht, dich belohnen.
(Matthäus 6,18 - NGÜ)

Gott belohnt deinen Dienst, deinen stillen Gehorsam und deine Leiterschaft. Wie er dich genau belohnt, kann niemand sagen, geschweige denn kontrollieren oder manipulieren.

Wenn du dienst, dann leitest du. Und nicht nur das: Du gehst mit diesem Schritt auch einen Schritt in Richtung Gottes Segen.

Zusammenfassung

Und eine Herausforderung

Ich bin begeistert davon, dass du lernen und herausfinden willst, was es bedeutet, ein Leiter Gottes zu sein.

Ich wünsche mir von ganzem Herzen, dass du ein Leiter wirst. Aber eine Sache ist mir noch viel wichtiger: Dass du Gott mit deinem Leben Freude machst und ihn ehrst.
Er wird deinen Gehorsam segnen, deinen Dienst belohnen und er wird dich benutzen, um andere zu beeinflussen. Mehr als du dir vorstellen kannst.

Denk immer daran: Bei Leiterschaft geht es nicht um eine Position, um Macht oder Ansehen. Es geht darum, Gott und anderen Menschen zu dienen. Jeder kann das und es ist noch nicht einmal schwierig.

Herausforderung: Suche in deinem Alltag nach Möglichkeiten zu leiten, indem du anderen dienst. Sei ein Leiter!

Was Alyssa dazu sagt

Als ich das erste Mal dieses Kapitel gelesen habe, dachte ich: „Alles klar! Super! Ich weiß Bescheid: Leiten bedeutet dienen. Das habe ich schon oft gehört und werde ich noch oft hören. Kommen wir also zum nächsten Kapitel."

Aber ein paar Minuten später hat Gott mich davon überzeugt, dass ich einen kleinen Denkfehler gemacht habe. Sehr oft habe ich es als Dienen angesehen, wenn ich Verantwortung für eine bestimmte Aufgabe übernommen habe. Aber meine Definition von Leiten ist nicht richtig: Ich habe Leiten nie als eine Einstellung angesehen. Die ständige Bereitschaft zu dienen fehlte mir.

Doug hat uns immer wieder Jesus als Vorbild für unser Leiten beschrieben. Das hat mich herausgefordert, einen Lebensstil des Dienens zu leben und nicht nur gelegentlich zu dienen. Ich habe herausgefunden, dass das sehr schwierig ist, weil ich diesen Lebensstil nicht automatisch lebe. Aber wenn wir ihn umsetzen, laden wir Gott ein, uns auf fantastische Art und Weise zu gebrauchen.

1

2 Leiter übernehmen die wichtigen Aufgaben

3

4

5

6

7

8

9

2
Leiter übernehmen die wichtigen Aufgaben

Wenn du das erste Kapitel gelesen hast, wirst du dich nicht über die Herausforderung in diesem Kapitel wundern: Diene anderen!

Du wirst herausfinden, dass die wirklich wichtigen Dinge (nennen wir sie mal „große Dienste") erstaunlicherweise ganz einfach umzusetzen sind. Eigentlich sind die großen Dienste nämlich gar nicht groß – es sind die kleinen Dinge, die den großen Unterschied machen.

Vielleicht verwirrt dich das, aber keine Sorge: Das geht vorbei. In diesem Kapitel wirst du einige effektive Möglichkeiten kennenlernen, die dir helfen, dein „Leiter-Sein" zu verbessern. Und das Beste: Sie sind einfach umzusetzen.

Bis zum (manchmal bitteren) Ende

Diene bis zum Schluss

Wenn du voller Begeisterung hilfst, ein Event zu planen oder durchzuführen, dann fühlt sich das nicht wirklich wie Arbeit an. Natürlich leistest du viel, aber du hast so viel Spaß, dass du deine Mitarbeit sogar genießen kannst.

Aber wenn die Veranstaltung zu Ende ist und es Zeit wird, das Chaos wieder in Ordnung zu verwandeln, verfliegt dieser Enthusiasmus schnell.

Viele Mitarbeiter, die bei der Vorbereitung geholfen haben, verschwinden plötzlich, wenn es ums Aufräumen geht.

Leiter müssen etwas Grundlegendes verstehen: Sowohl die Vorbereitung als auch die Arbeit nach der Veranstaltung sind wichtig. Jede Veranstaltung in der Jugendarbeit besteht aus drei Teilen: Vorher, Während und Nachher. Das Vorher macht Spaß, weil man die Vorfreude genießt, das Während ist interessant und aufregend, aber das Nachher kann langweilige Arbeit sein.

> Ich bitte unsere Leiter und Mitarbeiter, früher zu den Veranstaltungen zu kommen, so dass sie beim Aufbauen helfen können. Und ich bitte sie, erst dann zu gehen, wenn die Veranstaltung ganz zu Ende ist, also alles wieder sauber und ordentlich aussieht.

Wenn alle zusammenhalten, haben wir als Leiter viel Spaß an unseren Aufgaben. Das ist viel besser, als wenn eine einzige Person alles alleine machen muss, sich nach dem Event verlassen fühlt und gerade noch genug Energie hat, um sich zu ärgern, dass alle anderen schon abgehauen sind.

Es klingt vielleicht nicht nach einer großen Sache, aber glaub mir: Dienen bis zum Schluss ist ein großer Dienst!

Wenn du in diesem Bereich die Initiative ergreifst, wirst du andere Leiter und Mitarbeiter motivieren. Besonders die, die für die Veranstaltung verantwortlich sind. Ständig darum betteln zu müssen, dass Mitarbeiter bis zum Nachher-Teil einer Veranstaltung bleiben, ist ermüdend und frustrierend.

Du schaffst eine positive Atmosphäre, wenn du die Last einer Veranstaltung mitträgst. Du lebst Teamwork, und wenn alle mithelfen, ist man außerdem schneller fertig. (Aber ich bin sicher, du wusstest das schon!)

Übrigens: Mit einer positiven Einstellung kann selbst eine Nachher-Aufgabe sehr viel Spaß machen. Und wenn etwas Spaß macht, wollen auch andere mitmachen.

Ich werde nie vergessen, wie Alison (ein Teenager-Mädchen aus meiner Jugendgruppe) nach einem Event zu mir kam und mich bat, nicht beim Aufräumen mitzuhelfen, sondern nach Hause zu gehen. Sie wollte, dass ich noch ein wenig Zeit mit meinen Kindern verbringen kann, bevor sie ins Bett müssen.

Alison versprach mir, sich darum zu kümmern, dass alles wieder an seinen Platz kommt.

Sie hat im Grunde ihren Jugendpastor nach Hause geschickt! Ich wurde buchstäblich dazu gezwungen. Ich war überrascht, aber fühlte mich von ihrem Angebot geehrt. Und um ehrlich zu sein, hatte ich auch Sorge, dass sie nicht gut genug aufräumt und ich am nächsten Tag Ärger bekomme.

Aber zum Glück war alles ordentlich und ich habe keinen Ärger bekommen. Alison und die anderen Leiter haben nicht nur gute Arbeit geleistet, sondern mir auch etwas Zeit für meine Kinder geschenkt.

Das war eine Ermutigung für mich, meine Familie hat sich gefreut und mein Respekt vor Alison und den anderen Leitern ist erheblich gestiegen. Alisons kleine Geste des Dienens hat einen großen Unterschied gemacht.

Probiere das selbst einmal aus. Diene, bis ein Event wirklich vorbei ist, genieße es, deinen Jugendpastor (oder wen auch immer) nach Hause zu schicken und die Verantwortung für kleine Dinge zu übernehmen. (Alison: Du bist die Beste!)

Aber das macht doch keiner!

Erkenne und löse Probleme

Einen Leiter erkennt man daran, dass er das tut, worauf keiner Lust hat. Manchmal beobachte ich, wie jemand eine unbeliebte Aufgabe erledigt, und denke: „Entweder ist das eine Strafaufgabe, oder er ist ein Leiter und dient."

Ein Leiter dient, selbst wenn ihm niemand bei der Aufgabe hilft.

> Stell dir mal folgende Situation nach einer Veranstaltung vor: Du räumst mit einigen Freunden die Tische ab und spülst das Geschirr. In der Ecke des Raumes, leicht zu ignorieren, steht ein Mülleimer. Er ist übervoll mit Bechern und Plastiktellern und an der Seite läuft eine gelb-grüne Flüssigkeit aus.
>
> Dir fällt dieser Mülleimer auf und sofort denkst du: „Ekelhaft, widerlich – ärgerlich für die Person, die ihn ausleeren muss. Das wird keinen Spaß machen."
>
> Ein Diener würde in dieser Situation das Undenkbare tun: den Mülleimer ins Büro des Pastors stellen. Nein, kleiner Scherz – obwohl das bestimmt witzig wäre.
>
> Ein Diener würde das Problem lösen und den Mülleimer sauber machen. Weil der Mülleimer sowieso geleert werden muss, würde er ungefragt die gemeinsame Arbeit mit seinen Freunden unterbrechen und das Chaos beseitigen, ohne Applaus oder Anerkennung zu erwarten.
>
> Natürlich ist es viel einfacher, mit deinen Freunden gemeinsam zu dienen. Aber jedes Mal, wenn du sie alleine lässt, um eine Aufgabe zu übernehmen, die sonst keiner erledigt, wirst du ein besserer Leiter.

Ich schätze solche Leiter, die ungefragt die unschönen Aufgaben erledigen, ohne andere Menschen um Hilfe anzubetteln.

Wenn ich einen unserer jugendlichen Leiter bei dieser Art von Dienen beobachte, bin ich Gott dankbar. Es macht mich ein wenig „stolz“, weil es in unserer Jugendarbeit einen Jugendlichen gibt, der verstanden hat, dass Leiter dienen. Es ist schön, so etwas zu erleben.

Du ermutigst andere Leiter, wenn du die unangenehmen und unbeliebten Aufgaben erledigst, weil du die Last der gesamten Arbeit leichter werden lässt. Außerdem zeigt es deine geistliche Reife und es wird sichtbar, dass du leiten willst, indem du dienst.

Wenn du in den kleinen Dingen die Initiative ergreifst, wirst du feststellen, dass sie gute Charaktereigenschaften in deinem Leben entstehen lassen. Du wirst nicht nur ein Leiter, sondern auch ein besserer Mensch.

Wenn du Verantwortung für die unbeliebten Aufgaben übernimmst, machst du deutlich, dass du bereit bist, dich von Gott gebrauchen zu lassen.

> Und wenn es sich um einen ekelhaften Mülleimer handelt? Hol ihn dir! Was kann schon schief gehen?

Wenn ich sehe, dass Jugendliche sich darum bemühen, bei kleinen Aufgaben zuverlässig zu dienen, weiß ich, dass sie auch mit mehr Verantwortung umgehen können. Mit solchen Menschen werde ich weiter zusammenarbeiten.

Ich verlasse mich auf die Leiter, die Initiative und Treue bewiesen haben, wenn niemand sonst eine Aufgabe erledigen wollte. Erkenne und löse Probleme, selbst wenn dir niemand dabei hilft. Das ist ein großer Schritt des Dienens und wichtig in deiner Entwicklung als Leiter.

[redacted]

Die Gruppe und die anderen

Sei ein Cliquenkiller (Teil 1)

Für einen Jugendlichen, der niemanden kennt, nicht in die Gruppe passt oder sich aus einem anderen Grund unwohl fühlt, sieht selbst die beste Jugendgruppe der Welt wie eine verschworene Clique aus.

Manchmal sind Cliquen eine gute Sache – besonders, wenn du dazu gehörst. Aber für die meisten haben sie eher negative Auswirkungen: Sie fühlen sich ausgeschlossen.

Echte Gemeinschaft wird unschön, wenn sich Cliquen bilden. Eigentlich will das niemand, aber dennoch unternehmen nur wenige etwas gegen Cliquen.

Ich wünsche mir, dass du als Leiter an dieser Stelle anders bist und etwas unternimmst. Du sagst nicht nur, dass du dagegen bist, sondern du tust auch etwas, um die unschönen Cliquen aufzubrechen.

Halte nach Menschen Ausschau, die niemanden kennen, und verbring Zeit mit ihnen, auch wenn sie nicht zu deinem Freundeskreis gehörten. So wirst du zu einem Cliquenkiller und hilfst den Menschen. Außerdem wächst du als Leiter und ehrst Gott.

Bitte versteh mich nicht falsch. Du brauchst auf jeden Fall gute Freunde, mit denen du Spaß haben kannst, die dich aufbauen und die an deiner Reise mit Jesus interessiert sind. Solche Beziehungen sind der Schlüssel zu einem gesunden Glaubensleben.

Aber manchmal musst du diese gewohnten Freundschaften verlassen und dich um diejenigen kümmern, die alleine sind und sich einsam fühlen. Wir müssen Zeit mit ihnen verbringen und ihnen helfen, Freundschaften in der Jugendgruppe zu schließen.

In unseren Besprechungen reden wir häufig mit einigen jugendlichen Leitern und Mitarbeitern über dieses Thema. Wir wollen darauf achten, neue Jugendliche zu begrüßen, wenn sie in den Raum kommen, und nehmen uns vor, nicht in unseren Cliquen stehen. Alle sind von dieser Idee begeistert und stimmen zu: „Ja! Wir sollten wirklich nicht so cliquenhaft sein."

Aber oft sind genau diese jugendlichen Leiter unbewusst die Quelle des Problems. Sie sind Mitarbeiter, kennen viele Leute, werden gemocht und sind mit ihren eigenen Freunden beschäftigt. Sie merken einfach nicht, wenn jemand den Raum betritt, der niemanden kennt.

> Meine Herausforderung: Bevor du anfängst, andere auf ihr Cliquen-Verhalten aufmerksam zu machen, solltest du über dich selbst nachdenken. Gibt es etwas an deinem Verhalten zu ändern, bevor du anderen sagen kannst, was an ihrem Umgang mit Cliquen nicht richtig ist?

Du wirst erstaunt sein, wie viele Jugendliche dich zum Vorbild nehmen, wenn du sagst: „Hey, lass uns mal mit den Leuten reden, die hier niemanden zum Reden haben!"

Wenn jeder jugendliche Leiter Kontakt mit Besuchern aufnimmt, werden Cliquen sehr schnell verschwinden.

Aber sei wachsam! Sie können genauso schnell wieder zurückkommen.

[redacted]

Du und die anderen

Sei ein Cliquenkiller (Teil 2)

Stell dir vor, wir sitzen gemeinsam in einem Café und reden.

Wahrscheinlich würden wir beide schnell feststellen, dass Cliquen eine große Gefahr für die Jugendarbeit darstellen. Und vermutlich würden wir auch beide glauben, dass jugendliche Leiter und Mitarbeiter die größten Chancen haben, diese Cliquen aufzubrechen.

Aber sich einig sein über ein Problem (und die Lösung) bedeutet noch lange nicht, dass man es wirklich in Angriff genommen hat. Dazu muss man Verantwortung übernehmen.

Sei ein Leiter, der nicht nur über Probleme redet, sondern sie löst. Ich möchte dir dabei helfen, dass Cliquen-Problem in Angriff zu nehmen.

Hier sind drei Entscheidungen, die du treffen kannst, um deine bestehenden Freundschaften zu stärken, Cliquen aufzubrechen und deine Jugendarbeit gesünder zu machen.

· **Entscheidung 1:** Triff dich regelmäßig mit anderen jugendlichen Leitern und Mitarbeitern aus deiner Jugendgruppe und verbringt Zeit miteinander. Habt Spaß und helft euch gegenseitig auf eurer Reise mit Jesus. Ihr müsst euch nicht jede Woche treffen, aber es sollte oft genug sein, um eure Beziehungen zu stärken. Mein Vorschlag wäre einmal im Monat.

Dieses Treffen sollte kein exklusiver heiliger Club sein, aber es sollte ein Ort sein, an dem sich jugendliche Leiter und Mitarbeiter treffen, Spaß haben und voneinander lernen. Es wird einfacher sein, Cliquen in der Jugendarbeit aufzubrechen, wenn man weiß, dass man seine Freunde regelmäßig sieht.

- **Entscheidung 2:** Verteilt euch. Das ist eine Idee für Events und Veranstaltungen: Teilt euch so auf, dass nie mehr als zwei Leiter oder Mitarbeiter auf einem Fleck stehen. Die beiden können gemeinsam arbeiten, um neue Leute kennenzulernen und sich mit anderen Jugendlichen (die keine Leiter sind) zu unterhalten. Wenn ihr euch aufteilt, erreicht ihr mehr Menschen – und niemand wird denken, dass ihr eine Clique seid.

Es gibt Jugendliche, die nicht mehr zur Gemeinde kommen, weil die Atmosphäre unfreundlich war, als sie zum ersten Mal den Raum betraten. Und ich kenne viele, die ihr Herz für Jesus geöffnet haben, weil sie sich von Anfang an angenommen und akzeptiert fühlten.

Sie wollten herausfinden, was hinter dem warmen Empfang und der Freundlichkeit steckte. Weißt du, was es war? Die Kraft Gottes, die in den Leitern gearbeitet hat. Sie haben sich dafür entschieden, anderen zu dienen – und nicht sich selbst. Dienen war ihnen wichtiger als ihre eigene Bequemlichkeit.

- **Entscheidung 3:** Sei bereit, Fragen zur Jugendarbeit zu beantworten. Ein einfacher Weg, neue Leute in der Jugendarbeit willkommen zu heißen, ist, sie zu Veranstaltungen einzuladen.

Um dabei möglichst effektiv zu sein, ist es wichtig, dass du dich ein wenig in deiner Jugendarbeit auskennst (besondere Events, Kosten, Termine, Anmeldeinformationen, wo bekommt man Infos, fahren auch die süßen Jungs mit zur Freizeit, usw.). Wenn du in der Lage bist, solche Fragen zu beantworten, wirst du deinen Wert als Leiter steigern. Es wird sichtbar, wie wichtig dir Menschen und ihre Fragen sind. Außerdem zeigst du, dass du dir wünschst, dass sie Teil der Gruppe werden.

Du musst natürlich nicht alle Fragen beantworten können. Wenn du einmal keinen Plan hast, dann sag einfach: „Das ist eine gute

Frage! Leider habe ich keine Ahnung! Komm, wir finden die Antwort gemeinsam heraus!“ Damit baust du eine persönliche Beziehung zu der Person auf und kommunizierst, dass du gerne helfen möchtest.

Wenn du als Cliquenkiller unterwegs bist und diese drei Entscheidungen in dein Leben einbaust, merkst du (hoffentlich), dass es mehrere Sieger gibt:

1. Du selbst!
2. All die Jugendlichen, die nur darauf warten, endlich dazuzugehören (und nicht nur das: Weil sie sich angenommen und wohl fühlen, werden sie offener für Gott und seine Liebe sein).
3. Die anderen Leiter und Mitarbeiter, die von dir positiv beeinflusst werden (vermutlich kannst du dir das nicht vorstellen, aber glaub mir: Andere Leiter werden sich verändern, weil du ein gutes Vorbild bist).

Mit offenen Augen leben

Geh auf Menschen zu

Selbst wenn deine Jugendarbeit keine Cliquen hat, wird es Jugendliche geben, die zum ersten Mal dabei sind und sich einsam fühlen. Manchmal fühlen sich sogar die regelmäßigen Teilnehmer alleingelassen. Als jugendlicher Leiter musst du nach diesen Menschen Ausschau halten, auf sie zugehen, sie ansprechen und sie mit anderen Personen bekannt machen. Jesus hat immer die Menschen gesehen und du kannst es ihm nachmachen.

Im Grunde möchten alle, die nicht dazugehören, ein Teil der Gruppe werden. Aber viele fühlen sich unsicher und gehen von sich aus nicht auf andere zu. Das ist ja auch schwierig und man braucht eine Menge Mut.

Falls du dieses Gefühl der Unsicherheit nicht kennst, dann bring dich einmal absichtlich in eine Situation, in der du dich unwohl fühlst. Du wirst selbst erleben, wie schwierig es ist, den ersten Schritt zu gehen.

> Hier ist ein Vorschlag, wie du diese Idee umsetzen kannst: Besuche eine Veranstaltung, bei der dich niemand kennt (z.B. in einer anderen Gemeinde). Du wirst sehr schnell merken, wie es sich anfühlt, nicht dazuzugehören. Und du wirst lernen, Jugendlichen, die nicht Teil deiner Jugendgruppe sind, besser zu helfen.

Das Gefühl, nicht dazuzugehören, baut in Menschen ein negatives Bild von der Gruppe auf. Sobald du aber auf jemanden außerhalb der Gruppe zugehst, verschwinden seine negativen Gefühle. Du kannst spüren, wie er offener wird und sich seine Haltung verändert. Vielleicht redet er nur leise und ist kurz angebunden, aber er wird dir sehr dankbar sein, weil du ihn bemerkt und dir Zeit für ihn genommen hast.

Niemand will in einem Raum voller Menschen stehen und sich einsam fühlen. Dein Versuch, mit einem Jugendlichen persönlich zu reden, ist wie eine Beziehungs-Rettungsinsel, die du auswirfst.

Noch ein Tipp: Oft überlegen wir schon nach wenigen Sätzen, wie wir das Gespräch schnell beenden können. Ich habe schon Mitarbeiter und Leiter gesehen, die mit guten Absichten ein Gespräch anfangen, aber nach kurzer Zeit nicht mehr wissen, was sie sagen sollen. Es entstehen unangenehme Pausen, man verabschiedet sich und geht zurück zu seinen Freunden. Du kennst das bestimmt.
Anstatt in dieser Situation das Gespräch zu beenden, sag lieber:

> „Komm! Lass uns gemeinsam zu ein paar Leuten gehen, die du kennenlernen musst."

Lass dich nicht entmutigen, wenn du merkst, dass ein neuer Jugendlicher nicht mit dir reden möchte. Es liegt wahrscheinlich nicht an deinem Mundgeruch, sondern eher daran, dass die Situation für ihn ungewohnt ist und er sich extrem unwohl fühlt.

Du musst dich allerdings auch nicht als Babysitter fühlen und auf „den Neuen" aufpassen. Stell ihm ein paar deiner Freunde vor und beginne ein Gespräch.

[redacted]

Sollte er schnell an der Unterhaltung teilnehmen, kannst du ihn mit der Gruppe alleine lassen und nach weiteren einsamen Menschen Ausschau halten.

Wenn du das ein paar Mal gemacht hast, wird es für dich ganz normal werden, neue Menschen in die bestehende Gruppe einzubauen.

Es ist nicht einfach, anderen zu helfen, sich wohl zu fühlen. Wir achten normalerweise mehr darauf, dass wir uns selbst gut fühlen, und übersehen die anderen. Sich bewusst um sie zu kümmern ist ein kleiner Dienst, der große Auswirkung hat. Immer!

Kein Öl ins Feuer

Entschärfe statt anzufachen

Als jugendlicher Leiter oder Mitarbeiter in der Jugendarbeit wirst du dich manchmal in chaotischen Situationen wiederfinden.

Jede Gemeinde besteht aus Menschen – und überall, wo Menschen sind, gibt es Probleme, Irritationen, Verletzungen, Chaos und Jugendleiter, die schlechte Witze machen. Du hast also allen Grund, frustriert zu sein. Es wäre die normale Reaktion auf all das Chaos. Allerdings hilft sie niemandem.

Was hilft, ist eine Entschärfung des Problems (was auch immer gerade das Problem ist). Entscheide dich zu helfen und eine Lösung zu finden, anstatt durch unüberlegte Aktionen noch mehr Öl ins Feuer zu gießen.

> Vor ein paar Jahren habe ich mit unserer Jugendgruppe eine Sommerfreizeit veranstaltet. Wir haben eine Woche in Hausbooten auf einem See in Arizona gewohnt. Es war nicht die erste Hausboot-Freizeit, aber dieses Mal verwandelte sie sich in einen absoluten Albtraum. Großes Chaos brach aus, und wir waren nicht darauf vorbereitet.
> Ein Sturm zwang uns, die Hausboote zu verlassen und am Strand zu warten. Ein geliehenes Wasserskiboot sank, wir hatten keinen Ort, um uns unterzustellen, die Teilnehmer riefen aufgeregt durchein-

ander, hatten Angst und waren aufgewühlt (um nur ein paar Dinge zu nennen). Wir hatten große Schwierigkeiten und konnten nicht viel tun. Die Situation schien hoffnungslos.

Zwei Beispiele zeigen, wie man diese Situation entweder entschärft oder wie man Öl ins Feuer gießt:

Beispiel 1: Du entschärfst die Situation, indem du hilfst, wo du kannst. Ich erinnere mich an einen unserer jugendlichen Mitarbeiter. Michael (16 Jahre) kam zu mir und fragte mich: „Doug! Wie kann ich helfen?"

Ich war dankbar für seinen Wunsch zu helfen, aber es gab nichts, was er in diesem Moment hätte tun können (niemand von uns konnte etwas tun).
Ich bat ihn, ruhig zu bleiben, und erklärte ihm, dass er dadurch hilft, andere Jugendliche zu beruhigen. Er setzte sich also mit einigen seiner Freunde unter einen Baum und lockerte so die angespannte Atmosphäre ein wenig auf.

Beispiel 2: Julia (ebenfalls Mitarbeiterin) dagegen entschloss sich, die Situation etwas „aufzuheitern". Ihrer Meinung nach nahmen wir die Situation ein wenig „zu ernst" (das waren ihre Worte).
Also startete sie eine Wasserschlacht mit den Leuten, die gerade fieberhaft versuchten, das gesunkene Boot zu bergen.
Julia hat mit dieser Aktion die Situation schlimmer gemacht, weil sie Ärger verursacht hat. Einige der anderen Mitarbeiter hätten sie am liebsten an dem gesunkenen Boot festgekettet.

Zwei jugendliche Leiter, zwei unterschiedliche Entscheidungen und zwei verschiedene Ergebnisse.

Ein guter Leiter entschärft Situationen. Bitte entscheide dich so oft wie möglich für diese Option. Die Gelegenheit dazu kommt wahrscheinlich früher, als du denkst: Die nächste Chaos-Situation wartet meistens schon hinter der nächsten Ecke.

[redacted]

In der Jugendarbeit gibt es Personen, die in schwierigen Situationen unangemessen reagieren. Als jugendlicher Leiter oder Mitarbeiter musst du eine positive Einstellung haben, wenn es chaotisch wird. Und das wird es!

> **Noch ein Beispiel:** Deine Jugendgruppe fährt gemeinsam zu einem Event. Ein Fahrer verfährt sich und es ist nicht schwer zu merken, dass ihn das ärgert. Jetzt ist kein guter Zeitpunkt, um Witze über seinen Fahrstil zu machen. Leiter tun so etwas nicht. Obwohl ein Witz im ersten Moment harmlos erscheint, kann er den ohnehin schon vorhandenen Frust des Fahrers noch erhöhen.

Wenn andere Leiter merken, dass man sich in Problemsituationen auf dich verlassen kann, gewinnst du an Glaubwürdigkeit und sie werden dir beim nächsten Mal mehr Vertrauen entgegenbringen.

Wenn ich als Jugendpastor in schwierige Situationen komme, freue ich mich über Leiter und Mitarbeiter, die Anweisungen befolgen, gute Entscheidungen treffen und sich positiv einbringen, bis der Sturm vorbei ist.

Wenn deine Jugendarbeit im Chaos versinkt, dann kannst du ein guter Leiter sein (also dienen), indem du das Chaos verringerst. Ich verspreche dir: Dein Feingefühl für schwierige Situationen wird einen großen Unterschied machen.

Not macht erfinderisch

Stelle die richtigen Fragen

Du kennst bestimmt den Ausdruck: „Not macht erfinderisch“. Das heißt: Jeder kann etwas erfinden, wenn es die Situation erfordert.

Der Erfinder des Radiergummis hatte das Bedürfnis, Fehler zu korrigieren. Die Antwort auf dieses Problem ist ein Werkzeug, das bis heute jeden Tag millionenfach benutzt wird.

Hilfreiche Leiter und Mitarbeiter sehen ein Problem oder ein Bedürfnis und finden die Antwort.

Dienen fängt immer bei Bedürfnissen an.

Kennst du die Bedürfnisse in deiner Jugendarbeit?

Du kannst sie herausfinden, indem du deine Augen und Ohren für die Welt um dich herum offen hältst. Höre anderen Jugendlichen zu und stelle ihnen Fragen. Es wird nicht lange dauern, bis du weißt, was sie brauchen.

> Letztens habe ich mich mit einem unserer jugendlichen Mitarbeiter getroffen. Ich bat Alex, eine Woche lang zu beobachten und herauszufinden, was in unserer Jugendarbeit dringend gebraucht wird. Seine Beobachtungen sollte er als Fragen formulieren, auf die wir dann gemeinsam Antworten suchen können. Hier sind seine drei Fragen:
>
> 1. Wer passt während der Mitarbeiterbesprechungen auf die Kinder der Mitarbeiter auf? (Viele unserer ehrenamtlichen Mitarbeiter sind Eltern und können nicht an unseren Besprechungen teilnehmen, weil sie auf ihre Kinder aufpassen müssen.)
> 2. Wer ruft Jugendliche an, die seit ein oder zwei Wochen nicht gekommen sind?
> 3. Wer traut sich Jugendlichen zu sagen, dass Lästern falsch ist?
>
> Das sind gute Fragen! Jede zeigt eine Schwachstelle in unserer Jugendarbeit auf. An der Lösung der zweiten Frage haben wir schon im Leitungsteam gearbeitet. Deswegen bat ich Alex, die erste und dritte Frage zu vertiefen und Ideen zur Lösung dieser Probleme zu finden.
>
> Es wäre sehr hilfreich für unsere Jugendarbeit, diese Schwächen zu beheben:

[redacted]

> Viele Mitarbeiter könnten so die Kosten für den Babysitter zu Hause sparen. Eine kleine, aber wertvolle Geste, die zeigt, wie sehr ihre Arbeit geschätzt wird. Außerdem könnten wir erreichen, dass weniger Gerüchte verbreitet und Beziehungen zerstört werden.
>
> Alex hat mir wichtige Problembereiche in unserer Jugendarbeit aufgezeigt, an denen wir als Team nun arbeiten können.

Eine kleine Bitte: Versteh diese Idee nicht falsch! Fang bitte nicht an, mit einem Notizblock durch die Gemeinde zu laufen und alle Kleinigkeiten zu notieren, die dir nicht gefallen.

Sei aufmerksam und versuche herauszufinden, was in deiner Jugendarbeit dringend gebraucht wird. Solltest du nach ein paar Wochen nichts finden, bitte deinen Jugendleiter um Hilfe.

Bitte ihn, dir zu helfen, die Schwachstellen der Jugendarbeit zu erkennen, und frag ihn nach Beispielen. Sie helfen dir, deine Augen, deine Ohren und dein Herz zu trainieren, damit die Bedürfnisse deiner Jugendarbeit nicht an dir vorbeigehen und du besser leiten und dienen kannst.

> Alex hat es verstanden. Er kam mit einer weiteren Frage zu mir und Wochen später mit noch einer. Er hat kapiert, dass es in unserer Jugendarbeit nicht nur um ihn geht, sondern um uns alle. Jeder Leiter muss die Augen offen halten, um zu erkennen, wie er anderen dienen kann.

Du musst kein Superheld sein, um deine Jugendarbeit zu verändern. Meistens braucht es nur jemanden, der ein Bedürfnis oder ein Problem sieht und eine Lösung dafür findet.

[redacted]

Zusammenfassung

Und eine Herausforderung

Gute Leiterschaft geschieht durch relativ kleine Taten: Du brauchst kein neues Gemeindehaus zu bauen oder bewegende Vorträge zu halten.

Rede mit Jugendlichen, die abseits stehen. Breche Cliquen auf. Und erledige auch unbeliebte Aufgaben.

Ich bin mir sicher, du findest eine Menge kleine Dinge, die Großes bewirken, wenn du Verantwortung für sie übernimmst.

Herausforderung: Überfliege die Überschriften dieses Kapitels. Geh die Hauptaussagen im Kopf durch und versuche, dein Verhalten einzuschätzen. Vergleiche es mit den Ideen, die ich aufgeschrieben habe. Was könntest du verändern?

Such dir einen Bereich aus, den du ändern möchtest. Fang sofort an – du musst nicht erst das Buch zu Ende lesen, um an dir zu arbeiten.

Die anderen Bereiche stellst du zur Seite und kommst später darauf zurück. Nimm eine Sache in Angriff und beobachte, wie du dich veränderst.

Um es dir einfacher zu machen, habe ich die Überschriften auf der nächsten Seite noch einmal aufgelistet.

Am besten gibst du dir Punkte von 1 bis 5.

1 Punkt: Autsch – Das beschreibt mich gar nicht
2 Punkte: Naja – Ich hab das gelegentlich gemacht, aber nicht regelmäßig
3 Punkte: Okay – Ich denk mehr darüber nach, als dass ich es tue
4 Punkte: Gut – Ich bin eher gut als nur okay
5 Punkte: Großartig – Das tue ich und das bin ich

Punktzahl	**Überschrift des Abschnitts**
	Bis zum (manchmal bitteren) Ende – Diene bis zum Schluss
	Aber das macht doch keiner! – Erkenne und löse Probleme
	Die Gruppe und die anderen – Sei ein Cliquenkiller (Teil 1)
	Du und die anderen – Sei ein Cliquenkiller (Teil 2)
	Mit offenen Augen leben – Geh auf Menschen zu
	Kein Öl ins Feuer – Entschärfe statt anzufachen
	Not macht erfinderisch – Stelle die richtigen Fragen

An welcher Aufgabe möchtest du sofort anfangen zu arbeiten?

Was Alyssa dazu sagt

Am meisten habe ich über das Aufräumen nach einer Veranstaltung nachgedacht. Einfach nur Müll aufheben, richtig? Ich bin jedes Mal frustriert und habe das Gefühl, dass es leider nicht so einfach ist: Wenn ich sofort nach einer Veranstaltung anfange aufzuräumen, bekomme ich das Gefühl, dass mir jeder zuschaut und denkt, dass ich Aufmerksamkeit damit erwecken will (so nach dem Motto: Da will sich jemand einschleimen). Andere jugendliche Mitarbeiter haben mir das sogar schon vorgeworfen und schlecht über mich geredet. Das ist frustrierend.

Ich habe zwei Dinge gelernt:

> Erstens: Ich ermutige andere jugendliche Leiter. Wenn ich aus irgendeinem Grund nicht beim Aufräumen helfen kann, feuere ich wenigstens die anderen Helfer an, damit sie auch positive Kommentare hören und nicht frustriert sind.
>
> Und zweitens: Ich räume auch weiterhin mit auf. Ich kann sowieso nicht kontrollieren, was andere Leute über mich denken oder sagen. Ich kann nur regelmäßig meine eigenen Motive überprüfen und weiter dienen.

1

2

3 Leiter sind mit Jesus unterwegs

4

5

6

7

8

9

3

Leiter sind mit Jesus unterwegs

Nach den ersten beiden Kapiteln denkst du vielleicht: „Alles klar! Ich habs verstanden! Leiten heißt dienen. Dann brauch ich ja nicht mehr weiterlesen, sondern kann sofort loslegen und anderen Menschen dienen."

Das wäre zwar einfach, könnte aber ein großer Fehler sein. Natürlich ist Dienen unverzichtbar für einen biblischen Leiter, aber echtes Leiten braucht mehr:

das richtige Herz.

Es gibt einen sichtbaren Teil des Leitens und einen unsichtbaren. Der sichtbare Teil ist Gott zu dienen, indem du anderen dienst. Der unsichtbare Teil ist deine innere Welt (dein „Herz"). Und darum geht es in diesem Kapitel.

Du wirst lernen, deine innere Welt anzuschauen und zu bewerten. Das ist nicht mysteriös oder seltsam, sondern soll dir helfen, dein geistliches Leben, dein Herz, deinen Glauben und deine Beziehung zu Jesus zu beschreiben. Eine gesunde innere Welt ist überlebenswichtig für einen Leiter, der sich von Gott gebrauchen lassen will.

Übrigens: Die Betonung einer gesunden Beziehung zu Gott macht den Unterschied zwischen einem biblischen Leiter (z.B. in der Jugendarbeit) und einem Leiter in anderen Lebensbereichen (z.B. Klassensprecher) aus.

Wenn du versuchst, Gott mit einem ausgetrockneten, leeren und schwachen Herzen zu dienen, fehlen dir die richtigen Zutaten für effektives Leiten. Außerdem bringt es Gott keine Ehre.

Leiter müssen nicht perfekt sein, aber sie müssen daran arbeiten, ihre Beziehung mit Gott zu vertiefen. Sie müssen auf ihre innere Welt achten, damit sie nach außen hin ehrlich dienen und Gottes Liebe reflektieren können.

Dieses Kapitel ist sehr wichtig, weil es dir dabei helfen möchte. Ich bete, dass es dich herausfordert, über den Zustand deines Herzens nachzudenken. Denk daran: Du bist ein Mann oder eine Frau Gottes, auch wenn du dich nicht immer danach fühlst.

> Bevor du weiterliest, bitte ich dich eine kurze Pause einzulegen. Bitte Gott darum, dass er dieses Kapitel benutzt, um Großartiges in deinem Leben zu tun und deine Reise mit ihm lebendig werden zu lassen.

Wo ist die Begeisterung?

Lebe deine Beziehung mit Gott

Was ist das Ziel für dein persönliches geistliches Wachstum? Könntest du ohne die Hilfe deiner Gemeinde weiter im Glauben wachsen (z.B. wenn du mal für einige Monate nicht da wärst)? Würdest du in der Lage sein, ohne die Veranstaltungen deiner Jugendarbeit auf der Reise mit Jesus weiterzukommen?

Ich kenne viele Jugendliche, die geistlich wachsen, wenn sie auf einer Freizeit sind oder an einem überregionalen Event teilnehmen. Ich kenne Jugendliche, die geistlich wachsen, wenn sie Zeit mit erwachsenen Leitern verbringen, die sie herausfordern, die nächsten Schritte in ihrem Glauben zu gehen. Das sind tolle Erlebnisse. Sie helfen, eine geistliche Grundlage zu bilden.

Aber Leiter und Mitarbeiter müssen lernen, *selbständig* (also ohne Hilfe von außen) geistlich zu wachsen.

Das Wort *selbständig* ist extrem wichtig. Ich habe etwas Wichtiges gelernt: Als einer der Leiter oder Mitarbeiter in meiner Jugendarbeit muss ich in der Lage sein, selbständig zu wachsen, damit ich mit Gottes Kraft verbunden bleibe.

Niemand kann sich besser um meine geistliche Gesundheit bemühen als ich.

Ich musste eine Reihe von geistlichen Gewohnheiten entwickeln, die mir helfen, mit Gott in Verbindung zu bleiben und mich jeden Tag neu für Gottes Wege zu entscheiden. Wenn ich das nicht regelmäßig tue, wird mein Glaube schwach und orientierungslos. Das erkenne ich an meinen Gedanken und an meinen Taten.

Wenn ich ein guter Leiter sein will, muss ich meine Reise mit Jesus im Blick behalten.

Traurigerweise habe ich oft beobachtet, wie selbst Leiter-Jugendliche ihren Glauben aufgegeben haben, als sie die Jugendgruppe nicht mehr besuchen konnten, weil sie zum Studium in eine andere Stadt gezogen sind. Sie haben ihre gewohnte Umgebung verlassen und ihre Begeisterung, Gott zu dienen und in der Gemeinde mitzuhelfen, ist sehr schnell verschwunden – und kurz darauf verlieren viele das Interesse, Gott weiter nachzufolgen. Das ist traurig, aber wahr. Ich bin mir sicher, du konntest das auch schon beobachten.

Wenn du als Leiter deinen Glauben nicht regelmäßig unter die Lupe nimmst, wirst du schnell zu einer „frommen Fälschung“.

> Laura war es sehr wichtig, nach außen hin fromm auszusehen. Auf ihrem Arm war ein Kreuz tätowiert, sie trug ein „I love Jesus”-T-Shirt und sie kannte all die frommen Antworten, die geistliche Größe vortäuschten.
> Was niemand sehen konnte: Ihr Herz wurde immer leerer und ihr Glaube war unreif. Sie konzentrierte sich auf ihr äußeres christliches Erscheinungsbild, anstatt sich um innere Tiefe zu bemühen. Ihr geistliches Leben wurde oberflächlich und hohl.

[redacted]

Jesus hat für diese Art von gefälschtem Glauben extrem deutliche Worte:

> *Da sagte der Herr [Jesus] zu ihm: „So seid ihr Pharisäer! Ihr reinigt das Äußere eurer Becher und Schüsseln, aber euer Inneres ist voll Raubgier und Bosheit. Ihr Toren! Hat der, der das Äußere schuf, nicht auch das Innere geschaffen?"*
> *Lukas 11,39-40 (NGÜ)*

Jesus machte sich Sorgen darum, dass seine Nachfolger sich auf ihr Tun konzentrieren (anderen dienen) und dabei ihre innere Welt vernachlässigen. Dabei ist die innere Welt - dein geistliches Leben – der Ursprung deiner Handlungen. Jesus sagt, dass jedes einzelne Wort, das aus unserem Mund kommt, zuerst in unserem Herzen entsteht:

> *Wenn ein guter Mensch spricht, zeigt sich, was an Gutem in ihm ist. Ein Mensch mit einem bösen Herzen ist innerlich voller Gift, und alle merken es, wenn er redet.*
> *Matthäus 12,35 (HFA)*

Bitte achte ganz besonders auf den Zustand deines Herzens.

Dabei solltest du nicht den Fehler machen, Leidenschaft und Gefühl zu verwechseln. Ich erkläre das kurz: Es wird in deinem Leben Zeiten geben, in denen du nicht das Gefühl hast, nah bei Gott zu sein. Das ist normal – du bist nicht der Einzige, der dieses Gefühl hat. Aber du kannst auch ohne dieses Gefühl Leidenschaft für Gott haben und im Glauben wachsen.

Jesus nachzufolgen, ihn zu lieben und ihm mit Leidenschaft zu dienen sind Schritte des Gehorsams, die nicht auf einem Gefühl basieren. Ganz oft fühle ich mich nicht danach, das Richtige zu tun.

> Hier ist ein Beispiel: Vielleicht fühle ich mich nicht danach, meinen Nachbarn zu lieben, aber weil ich Jesus gerne gehorchen möchte, entscheide ich mich auch ohne das richtige Gefühl dafür. Um diese Art von Leidenschaft für Gott zu vertiefen, empfehle ich dir, regelmäßig

[redacted]

mit einem anderen Leiter oder Mitarbeiter darüber zu reden. Mir hilft es auf meiner Reise mit Jesus, wenn ich mich mit anderen Leitern unterhalte, die genauso für Jesus brennen wie ich. Die Begeisterung, die sie versprühen, wird dich automatisch anstecken, wenn du Zeit mit ihnen verbringst.

Echte Attraktivität zeigen

Sei ein demütiger Leiter

Hochmut kommt vor dem Fall...
Sprüche 16,18 (HFA)

Eine der besten Illustrationen für diesen Vers kann man bei Boxkämpfen beobachten: Vor dem Kampf prahlen die millionenschweren Athleten mit ihrem Talent, ihrer Kraft und ihrer unsagbaren Überlegenheit gegenüber ihrem Kontrahenten. Wenn du bis zum Ende des Kampfes zuschaust, siehst du einen der beiden Superstars übersät mit blauen Flecken, blutend und geschlagen. Er prahlt nicht mehr.

Arroganz ist für mich überhaupt nicht attraktiv, aber Bescheidenheit umso mehr. Jemand, der selbstbewusste Bescheidenheit zeigt – ohne Aufmerksamkeit auf sich ziehen zu wollen –, macht einen guten Eindruck bei anderen.

Meiner Meinung nach ist Bescheidenheit (oder besser Demut) eine der attraktivsten Eigenschaften, die ein Christ haben kann. Wieso? Weil sie ein Zeichen von geistlicher Reife ist. Sie zeigt, dass dir dein Herz, also deine innere Welt, nicht egal ist.

Bescheidenheit findet man häufig in Menschen, die Gott kennen und seine bedingungslose und unverdiente Liebe erlebt haben. Sie wissen, dass sie sich auf Gottes Liebe und seine Vergebung verlassen können, weil sie sie erlebt haben.

[redacted]

Ein bescheidener Leiter muss nicht angeben, prahlen oder andere von sich überzeugen. Er kann Bescheidenheit und Demut zeigen, weil er sich darauf verlässt, dass Gott sich um ihn kümmert und er nicht alles selber regeln muss.

Diese attraktive Bescheidenheit und Demut erlangt man nicht über Nacht. Sie ist etwas Besonderes, weil du nie sagen kannst, dass du am Ziel angekommen bist und endlich demütig geworden bist. Sobald du das nämlich behauptest, bist du es schon nicht mehr. Wahre Demut sieht man dir an; sie wird nicht für alle hörbar hinausposaunt. Demut und Bescheidenheit zeigen sich im Leben von Menschen, die innerlich wachsen.

Etwas konkreter: Wenn du in einer Situation gerne etwas hinausposaunen möchtest, dich aber dagegen entscheidest, bist du einen Schritt in Richtung Demut gelaufen. Wenn du mehrere Schritte hintereinander gehst, wirst du sehen, wie Gott dein Herz verändert.

Demut bedeutet: Du bist nicht mehr darauf aus, dass Menschen dich bewundern, sondern du setzt dich dafür ein, dass sie Gott bewundern.

Schau dir Menschen an, die demütig sind. Du wirst an ihnen sehen können, wie attraktiv Demut ist.

Wer hochmütig ist, wird schließlich erniedrigt werden; der Bescheidene dagegen wird geehrt.
Sprüche 29,23 (HFA)

Die Grundlage richtiger Entscheidungen

Nutze Gottes Wort in deinem Leben

Ich habe beobachtet, dass alle Jugendlichen, die ihrem inneren Leben Aufmerksamkeit schenken, etwas gemeinsam haben: Sie haben sich dafür entschieden, Gottes Wort zu gehorchen.
Es ist schwierig, nach Gottes Maßstäben zu leben. In der Bibel gibt es einige Menschen, die nicht auf Gott gehört haben und deswegen eine Menge

Probleme in ihrem Leben bekamen. Verrückterweise nahm Gott genau diese geistlichen Waschlappen, veränderte ihr Leben und machte sie zu glänzenden Vorbildern.

Ich finde es gut, dass Gott in der Bibel von Menschen berichtet, die Fehler gemacht haben. Er hat sie am Ende auf fantastische Weise benutzt, weil sie bereit waren, ihr Leben komplett an Gott abzugeben.

Als du dieses Buch bekommen hast (ich hoffe, jemand hat es dir geschenkt), warst du vielleicht unsicher, ob du überhaupt ein Leiter für Gott sein kannst. Du hältst dich selbst nicht für gut genug, um Leiter oder Mitarbeiter zu sein. Ehrlich gesagt hoffe ich sogar, dass du dich so fühlst, weil es dich als Leiter attraktiv macht.

Demut (also sich für nicht gut genug zu befinden) und der ehrliche Wunsch, Gott zu dienen, ist eine sehr gute Kombination. Gott benutzt diese Art von Leitern sehr oft, besonders wenn sie biblische Entscheidungen treffen. Die Bibel macht sehr deutlich, dass Gott sich über gute Entscheidungen freut.

Es gibt einen Zusammenhang zwischen deinen Entscheidungen und einem erfüllten Leben: Gute (also biblische) Entscheidungen führen zu einem Leben, das Gott ehrt – und ein Leben, das Gott ehrt, führt zu weiteren guten Entscheidungen.

Gott hat uns die Bibel gegeben, damit wir bessere Entscheidungen treffen.

Wir können die Bibel als Maßstab für unsere Entscheidungen nehmen. Und je besser wir die Bibel kennen, desto einfacher wird es für uns, richtige Entscheidungen zu treffen. Deswegen ist es wichtig, dass unser Herz mit Gottes Wort gefüllt ist.

Schau dir diese Verse aus dem Alten Testament an:

Sag dir die Gebote immer wieder auf! Denke Tag und Nacht über sie nach, damit du dein Leben ganz nach ihnen ausrichtest. Dann wird dir alles gelingen, was du dir vornimmst.
Josua 1,8 (HFA)

Herr, wie kann ein junger Mensch leben, ohne schuldig zu werden? Indem er sich nach deinen Geboten richtet.
Psalm 119,9 (HFA)

Wir haben Gottes Wort bekommen, damit wir richtig und falsch unterscheiden können. Deswegen sind wir in der Lage, unser bestes Leben zu leben. Gott möchte, dass du ihm nachfolgst, damit du erfolgreich und glücklich lebst.

Wenn du Entscheidungen triffst, die Gott ehren, wirst du zufriedener sein und feststellen, dass dein Leben von Gott benutzt werden kann.

Zeit mit Gott verbringen

Leb dein bestes Leben

Ich hoffe du merkst, worum es in diesem Kapitel geht! Als Leiter muss deine Beziehung zu Gott wachsen und du musst lernen, Gottes Wege zu gehen. Ein wachsender Glaube ist entscheidend für einen wachsenden Leiter.

Geistliches Wachstum passiert leider nicht automatisch, sondern setzt voraus, dass wir Zeit mit Gott verbringen. Das kann sehr unterschiedlich aussehen:

- alleine
- mit anderen
- in der Gemeinde
- zu Hause
- in der Schule
- bei der Mitarbeit
- ...

[redacted]

Du verbringst Zeit mit Gott, wenn du Gottes Wort hörst oder darüber nachdenkst. Es ist Gottes Anleitung, damit wir unser bestes Leben leben können.

Normalerweise sind Teenager nicht besonders begeistert, wenn es ums Lesen geht:

> „Hey John! Lass uns mal gemeinsam Bibel lesen!"
>
> "Oh danke, Doug! Ich bin so begeistert, dass du mit mir lesen willst. Das ist ja viel besser als Eis essen zu gehen, einen Film zu schauen oder mich mit meinen Freunden zu treffen!" (Ich hoffe, du hast die Ironie bemerkt.)

Ich kann verstehen, dass sich Lesen wie Arbeit anfühlt. Aber es lohnt sich, weil es zu deinem geistlichen Wachstum beiträgt – neben Beziehungen, Erfahrungen und deinem Dienst in der Gemeinde (Mitarbeit). Deswegen fordere ich dich heraus, Gottes Wort intensiv zu lesen.

Wenn du zurzeit überhaupt nicht in der Bibel liest, fang mit einer Minute pro Tag an und nimm dir jedes Mal ein wenig mehr Zeit. Beginne mit kleinen Schritten und entwickle Appetit auf das Wort Gottes. Das wird dir helfen, aus den kleinen Schritten eine lebenslange Gewohnheit entstehen zu lassen.

Wenn du in der Bibel liest, wirst du dein Wissen anreichern (Informationen bekommen) und Weisheit erlangen (lernen, wie du am besten auf die Information reagierst).

Das Buch der Sprüche sagt uns, dass Wissen und Weisheit wertvoller sind als Silber und Gold*. Interessant, oder? Stell dir mal den Reichtum vor, den du durch das Lesen der Bibel bekommen könntest. Dieser Reichtum wird dir helfen, ein besserer Leiter zu werden.

---

* Sprüche 3,13-14 und 16,16

[redacted]

Treibstoff für deine innere Welt

Bleib nicht stehen

Ich kann gar nicht mehr sagen, wie viele Jugendliche, die jahrelang in unsere Gemeinde kamen, ihren Glauben wieder an den Nagel gehängt haben. Kennst du jemanden, dem es genauso ging? Es gibt kaum eine Sache, die mich mehr frustriert, und ich will auf keinen Fall, dass dir das auch passiert.

Warum fällt der Glaube bei vielen Jugendlichen auseinander, sobald der Besuch einer Gemeindeveranstaltung nicht mehr möglich ist?

Mit Sicherheit gibt es eine Menge Antworten auf diese Frage, aber die offensichtlichste Antwort ist, dass die meisten Jugendlichen nicht gelernt haben, selbständig im Glauben zu wachsen.

Sie haben geistliches Wachstum erlebt, als sie in eine Jugendgruppe gegangen sind und sich jemand für ihr inneres Leben verantwortlich gefühlt hat. Aber weil sie sich selbst keine solide Grundlage für ihren Glauben gebaut haben, fing alles an zu bröckeln, als die Jugendgruppe nicht mehr Teil ihres Lebens sein konnte.

> Um dieses Problem in Angriff zu nehmen, habe ich mich mit christlichen Männern und Frauen getroffen, die Gott schon seit mehr als 40 Jahren nachfolgen. Ich habe allen die folgende Frage gestellt: „Wie habt ihr es geschafft, in all den Jahren euren Glauben zu behalten?“ Jeder hat die Frage ein wenig anders beantwortet, aber es gab einige Überschneidungen. Und die fand ich besonders interessant.
>
> Es waren Gewohnheiten, die ihnen halfen, ihren Glauben nicht an den Nagel zu hängen. Ich bin mir sicher, dass diese Prinzipien auch anderen Menschen helfen werden:

- Verbringe Zeit mit Gott
- baue Freundschaften zu anderen Nachfolgern von Jesus auf
- „studiere“ intensiv Gottes Wort
- lerne es auswendig
- bringe dich mit deiner Zeit und deinem Geld in die Gemeinde ein
- Diese Gewohnheiten bildeten die Basis ihres Glaubens.

Ich fing an, diese Gewohnheiten an meine Jugendlichen (besonders die jugendlichen Leiter und Mitarbeiter) weiterzugeben, weil ich wollte, dass sie später nicht ihren Glauben aufgeben. Im Laufe der Zeit haben sich sechs geistliche Gewohnheiten herauskristallisiert und ich habe versucht, sie so aufzuschreiben, dass sie leicht zu merken sind. Ich habe sie an das Wort LERNEN geknüpft, denn geistliche Gewohnheiten bedeuten: Ich lerne die Charaktereigenschaften von Jesus in meinem Leben umzusetzen.

L Lerne Bibelverse auswendig
E Erlebe echte Freundschaften
R Richte dir Zeit mit Gott ein
N Nimm am Gemeindeleben teil
E Ernte den Segen des Gebens
N Nimm dir Zeit für die Bibel

Es ist mir egal, ob du *diese* sechs Gewohnheiten umsetzt, 42 neue findest oder dich auf eine einzige konzentrierst. Mir ist nur wichtig, dass du überhaupt geistliche Gewohnheiten entwickelst, damit du selbständig wächst.

Ich liebe den Vers, den der Apostel Paulus den Nachfolgern von Jesus geschrieben hat:

Also, meine Lieben, - wie ihr allezeit gehorsam gewesen seid, nicht allein in meiner Gegenwart, sondern jetzt noch viel mehr in meiner Abwesenheit...
Philipper 2,12 (HFA)

[redacted]

In meiner Abwesenheit. Wichtige Worte für dich als junger Leiter, der im Glauben wachsen möchte. Bereite dein Herz darauf vor, selbständig und in Abwesenheit deiner Jugendgruppe geistlich zu wachsen.

Wenn du selbständig wachsen kannst, wirst du für andere ein Vorbild sein und als Leiter mit einem lebendigen Glauben leiten können.

Deine eigene Gemeinde gründen

Behalte dein Herz im Auge

Was ist dein erster Gedanke, wenn du die Überschrift dieses Abschnitts liest? Denkst du, ich will, dass jeder, der dieses Buch liest, eine eigene Gemeinde gründet? Nicht unbedingt! Aber ich will, dass jugendliche Leiter so stark in ihrem Glauben sind, dass sie – wenn sie für ihre Ausbildung oder ihr Studium von ihrer Gemeinde wegziehen – geistlich stark genug sind, eine eigene Gemeinde zu gründen, wenn sie an ihrem neuen Wohnort keine finden.

Vielleicht denkst du jetzt: „Im Ernst? Ich? Eine Gemeinde gründen?“

Ja.

Ich will, dass du dich so sehr um deine innere Welt (geistliches Leben) kümmerst und deine Liebe zu Jesus so groß ist, dass du alles tust, um ihm nachzufolgen, – selbst wenn das bedeutet, eine neue Gemeinde zu gründen.

Als Jesus die Erde verließ, trafen sich die ersten Nachfolger in privaten Häusern, um Gott zu feiern – das war Gemeinde. Gemeinde ist nichts anderes als eine Gruppe von Gläubigen, die sich versammeln. Wann immer sich Christen treffen, um Gott anzubeten, findet Gemeinde statt. Und wenn du keine finden kannst, triff dich mit einigen Nachfolgern von Jesus und starte eine Gemeinde – ein Treffen von Christen.

Dein Ziel sollte es sein, in deinem Glauben so stark zu werden, dass du jederzeit eine Gemeinde gründen könntest, wenn es keine in deiner Nähe gibt.

Allerdings: Bevor du deine eigene Gemeinde gründest, solltest du wirklich alles versucht haben, dich einer bereits bestehenden Gemeinde anzuschließen – oder dir wirklich sicher sein, dass Gott dich dazu berufen hat, eine neue Gemeinde zu gründen.

Der Grund, eine neue Gemeinde zu gründen, ist nicht, dir selbst eine Plattform für dein Leiter-Sein zu verschaffen, sondern Gott eine Plattform für seine Leitung zu geben.

Oder anders gesagt: Es geht nicht darum, dich selbst in den Mittelpunkt zu stellen, sondern Gott.

Ein Ort

- um Gott anzubeten
- um anderen zu dienen
- um geistlich zu wachsen
- der Beziehungen vertieft
- an dem sich Menschen wohl fühlen
- der Gottes unglaubliche Liebe weitergibt

Um das tun zu können, musst du schon jetzt anfangen, deinen Glauben zu vertiefen.

> Einer meiner Jugendlichen hat diese Herausforderung ernst genommen. Aaron hatte das Gefühl, dass es in unserer Gegend keine Gemeinde gab, die seine Generation erreichte (Studenten zwischen 20 und 30 Jahren). Er selbst war Ende 20, als er „Sakred" gründete, eine Gemeinde im Süden von Orange County, Kalifornien.
> Als ehemaliger Jugendpastor von Aaron freue ich mich darüber, dass er die Herausforderung ernst genommen hat. Letztes Jahr Ostern besuchte ich den Gottesdienst dieser Gemeinde und war begeistert, wie Gott einen meiner ehemaligen Teenager für so eine wichtige Aufgabe benutzt.
> Aaron hat schon als Schüler angefangen, sein Herz dafür vorzubereiten. Gott hat seine geistliche Reise benutzt, damit er nun andere

> leiten kann. Er ist durch die Arbeit an seiner inneren Welt ein besserer Mensch geworden. Viele Studenten in seiner Gemeinde lernen Jesus kennen, weil Aaron sich schon als Jugendlicher entschieden hat, geistlich zu wachsen und ein Leiter zu sein.

Eine deiner Aufgaben als jugendlicher Leiter und Mitarbeiter ist, dich darauf vorzubereiten, Gott zu dienen. Ich habe wirklich keine Ahnung, ob das bedeutet, eine Gemeinde zu gründen – das ist auch nicht die Frage. Die Frage ist, wie gut du den Zustand deines Herzens im Auge behältst. Er muss so gut sein, dass – wenn Gott dich dazu herausfordert – du bereit bist, etwas wirklich Großes und Aufregendes zu wagen.

Am Zustand deines Herzens entscheidet sich, ob du ein sehr guter oder nur ein durchschnittlicher Leiter bist.

Es gibt in Gottes Gemeinde eine Menge Aufgaben, die du erledigen kannst – aber ihm ist es wichtiger, dass du eine wachsende Beziehung mit ihm hast. Wenn du diese Beziehung lebst und deinen Glauben vertiefst, wirst du erleben, wie du von Gott gebraucht wirst.

Zusammenfassung

Und eine Herausforderung

Ich habe dieses Buch so geschrieben, als wärst du ein Jugendlicher in meiner Jugendgruppe. So, als würde ich dich kennen. Ich habe mir vorgestellt, dass wir uns in einem Fast-Food-Restaurant gegenübersitzen, etwas trinken und über das Leben, die Gemeinde und über Leiterschaft reden.

Das Thema in diesem Kapitel ist mir so wichtig, dass es mich fast nicht mehr auf dem Stuhl hält. Ich stelle mir vor, wie ich dir einen kleinen Einblick in das Herz eines Leiters gebe, und sage:

> „Es ist das Wichtigste für einen Leiter, eine gesunde Beziehung zu Gott zu entwickeln. Wenn du das nicht verstehst, dann hast du das

Wichtigste verpasst. Ich freue mich riesig, dir Ideen und Tipps zum Thema Leiten geben zu können, aber das Wichtigste ist, dass das Wichtigste das Wichtigste bleibt: Es geht um Gott und dein Herz!"

Ich will, dass du ein erfolgreicher Leiter wirst, aber ich wünsche mir viel mehr, dass du Gott besser kennen lernst.

Meine Herausforderung in diesem Kapitel ist ein Gebet: Bitte Gott, dass eure Beziehung tiefer wird, und sag ihm, dass du ihn immer besser kennen lernen möchtest. Danach kannst du Gott einen Brief schreiben und ihm sagen, was für ein Leiter du werden möchtest.

Ich finde es ziemlich cool, dass du das Buch schon bis hierhin gelesen hast – ein Drittel hast du schon geschafft. Weiter so!

Was Alyssa dazu sagt

Meine Beziehung zu Gott in der Hektik des Alltags zu pflegen, ist eine meiner größten Schwierigkeiten. Es passiert so schnell, dass das Leben mich mitreißt und ich aufhöre, in meinen Glauben zu investieren.
Bei mir passiert das, wenn ich zu viele Gemeindeveranstaltungen besuche. Dann bin ich zu beschäftigt, um mir Gedanken über meine Beziehung zu Gott zu machen.

Oft erkenne ich die Bereiche, in denen ich wachsen muss, erst, wenn alles drunter und drüber geht. Deswegen ist es für mich wichtig, mir regelmäßig Zeit zu nehmen, um über meine Beziehung zu Gott nachzudenken. Ich habe herausgefunden, dass es mir unglaublich hilft, wenn ich mir diese Mühe mache.

1

2

3

4 Leiter stehen hinter der Arbeit und dem Team

5

6

7

8

9

4

Leiter stehen hinter der Arbeit und dem Team

Lass uns kurz zusammenfassen, was wir in den letzten drei Kapiteln besprochen haben:

> *Kapitel 1:* Du hast das große Bild des Leitens verstanden: Leiten hat nichts mit Macht oder Beliebtheit zu tun, sondern mit Dienen.
>
> *Kapitel 2:* Du hast gesehen, dass Gott dich für große Dinge benutzen kann – selbst wenn du nur kleine Dinge tust oder in nicht sichtbaren Bereichen dienst.
>
> *Kapitel 3:* Ich habe versucht, den Unterschied zwischen einem Leiter in der Welt und einem Leiter in Gottes Reich zu erklären: Gottes Einfluss auf dein Leben. Wenn du als Leiter wachsen willst, musst du dein geistliches (inneres) Leben im Auge behalten und deine Beziehung zu Gott vertiefen.

Du fängst nun an anderen zu dienen und behältst dabei deinen inneren Zustand (geistliches Leben) im Blick.

Jetzt ist es wichtig für dich, mehr über deine Gemeinde und Jugendarbeit zu lernen und dir Gedanken über die anderen Leiter zu machen. Wenn du verstehst, was in den einzelnen Arbeitsbereichen passiert und warum die

Mitarbeiter das tun, was sie tun, wirst du persönlich profitieren (du wirst effektiver). Außerdem wird deine Gemeinde ebenfalls etwas davon haben, weil du dich in ein Team einbringst.

Gemeinsam mit anderen an Gottes Reich zu bauen macht viel mehr Spaß, als alleine zu arbeiten. Ich bin sehr froh darüber, meinen Dienst in der Gemeinde mit anderen Leitern und Mitarbeitern zu teilen und mich auf sie verlassen zu können. Dieses Vorrecht wünsche ich dir auch. Es gibt dem Team Sicherheit, wenn alle am gleichen Strang ziehen.

Das große Bild erkennen

Unterstütze das Warum hinter dem Was

Wusstest du, dass jede Veranstaltung in deiner Jugendarbeit ein bestimmtes Ziel verfolgt? Das Volleyballturnier, die Sommerfreizeit und der Jugendgottesdienst wären sinnlos, wenn sie nur deinen Terminkalender füllen und dich beschäftigen sollen.

Als jugendlicher Leiter und Mitarbeiter solltest du nicht einfach nur an den Veranstaltungen teilnehmen, sondern deinem Team helfen, dieses bestimmte Ziel zu erreichen.

Angenommen die Jugendarbeit deiner Gemeinde ist für das geistliche Wachstum von Teenagern verantwortlich. Das bedeutet: *Du* bist für das geistliche Wachstum von Teenagern verantwortlich. *Du* spielst bei der Umsetzung dieser Aufgabe eine wichtige Rolle!

Und damit du deine Verantwortung wahrnehmen kannst, musst du das Ziel der einzelnen Veranstaltungen kennen. Das wird dir helfen, die Jugendarbeit besser zu verstehen. Du wirst deine Ideen besser einbringen und weniger Kritik an der Jugendarbeit üben müssen. Außerdem: Wenn du die Ziele kennst, kannst du deine Freundschaften nutzen, um sie zu erreichen, und musst nicht länger nur Zuschauer zu bleiben.

Das kann zum Beispiel so aussehen: Ein Basketballturnier der Gemeinde hat das Ziel, Jugendliche aus eurer Umgebung zu erreichen und sie in Kontakt mit deiner Jugendgruppe zu bringen. Wenn du dieses Ziel verstehst, ist die Wahrscheinlichkeit größer, dass du deine Nicht-Gemeinde-Freunde zu dem Turnier einlädst.
Aber was passiert, wenn du dieses Ziel nicht kennst? Du könntest dich zum Beispiel darüber beschweren, dass auf dem Turnier nur Basketball gespielt wird und deine eigene Lieblingssportart nicht berücksichtigt wird. Um deinem Frust Luft zu machen, nimmst du nicht an dem Basketballturnier teil. Schließlich ist Basketball ein blöder Sport – verglichen mit deiner Lieblingssportart: Synchronschwimmen.

> In unserer Gemeinde gibt es Jugendgottesdienste. Viele bringen gerne Freunde zu dieser Veranstaltung mit (sie ist sehr beziehungsorientiert und soll beides: Spaß machen und herausfordern). Es gibt eine Predigt, Musik und Spaßelemente wie Theater, Videos und gelegentlich auch Spiele.
> Man kann sehr deutlich erkennen, welche Jugendlichen die Ziele unserer Veranstaltungen noch nicht verstanden haben. Es sind meistens die, die sich beschweren. Sie kommen zwar regelmäßig, aber sind nicht mit dem Programm der Jugendgottesdienste zufrieden. Sie wollen gerne, dass es „geistlich tiefer geht" und das Programm ernster wird (mal ganz nebenbei: Das sind die gleichen Teenager, die nie ihre Nicht-Gemeinde-Freunde mitbringen).
> Ihre Beschwerden hätten vielleicht eine Berechtigung, wenn sie in unserer Gemeinde nie die Möglichkeit hätten, die Bibel mit geistlichem Tiefgang zu lesen und sich darüber auszutauschen. Aber für dieses Ziel bieten wir jeden Mittwoch eine Veranstaltung für Jugendliche an, die in ihrem Glauben weiterkommen wollen.
> Die, die sich beschweren, wollen allerdings lieber bei den Jugendgottesdiensten am Samstagabend tiefer gehen. Ihre Beschwerde enttarnt ihre egoistische Ich-will-was-ich-will-und-wann-ich-will-Einstellung. Unterm Strich: Sie sind keine Leiter oder Mitarbeiter. Sie sind Konsumenten.

Es wäre sehr schade, wenn sich unsere jugendlichen Leiter und Mitarbeiter über unsere Veranstaltungen beschweren würden, ohne die Ziele dahinter zu kennen.

Öffentliche Beschwerden über die Ziele unserer Jugendarbeit sollten niemals von Leitern und Mitarbeitern kommen. Wenn du Kritik äußern möchtest (es ist ja gut, kritische Fragen zu stellen*), triff dich mit der Jugendleitung und teile deine Bedenken mit.

Unsere jugendlichen Leiter und Mitarbeiter haben begriffen, dass die Samstagabende dafür da sind, Freunde aus der Umgebung einzuladen und mit einem dienenden Herz teilzunehmen. Sie helfen, dieses Ziel zu erreichen, bauen Freundschaften auf und zeigen anderen Jugendlichen Gottes lebensverändernde Kraft und Liebe.

Es steckt viel mehr in deiner Jugendarbeit, als du oberflächlich sehen kannst. Hinter jeder Veranstaltung in deiner Jugendarbeit gibt es Ziele. Wenn du sie verstehst, wird es dir leichter fallen, als Teil des Teams für diese Ziele zu arbeiten.
Wenn du die Ziele nicht kennst, frag bitte nach! Sie sind kein Geheimnis. Als jugendlicher Leiter musst du sie kennen, um die Jugendarbeit besser unterstützen zu können.

Leiterschaft und Freundschaft

Balanciere zwei Welten

Es ist schwer, in Gegenwart deiner Freunde ein Leiter oder Mitarbeiter zu sein – besonders wenn sie keine Mitarbeiter sind. Wenn dein Freund während einer Veranstaltung andere ablenkt, indem er Papierflieger starten lässt, ist die Versuchung für dich groß, dabei mitzumachen. Es ist lustig und unterhaltsam. Aber Leiter oder Mitarbeiter zu sein zu sein bedeutet, einen anderen Maßstab anzulegen und nicht mitzumachen. Du bist Teil eines Teams und dein Verhalten sollte die anderen Leiter und Mitarbeiter im Team unterstützen.

---

* Siehe Kapitel 3

Wenn du gleichzeitig ein Freund und ein Leiter oder Mitarbeiter sein willst, musst du eine klare Linie ziehen. Das ist wichtig, damit deine Freunde (und du auch) wissen, wann es an der Zeit ist zu leiten und wann ihr rumalbern könnt.

Zwei „Verpflichtungen" helfen dir, diese Linie zu ziehen. Es ist wichtig, dass du dich daran hältst – auch wenn es schwer werden könnte (das ist oft der Fall, wenn sich deine Freunde nicht an diese Verpflichtungen halten).

1. Schütze die Jugendarbeit
Von Leitern und Mitarbeitern wird erwartet, dass sie die Jugendarbeit als Teil des Teams stärken. Wenn deine Freunde etwas tun, das die Gesundheit der Arbeit untergräbt, musst du sie liebevoll darauf hinweisen. Das kommt nur selten vor, aber es ist wichtig, in diesen Situationen ein Leiter zu sein und deinen Freunden zu erklären, dass ihr Verhalten respektlos und problematisch ist.
Du musst dich dabei so verhalten, dass deine Freunde spüren, dass sie dir wichtig sind, und gleichzeitig merken, dass du die Jugendarbeit im Blick behältst.

2. Baue Beziehungen
Anderen zu dienen ist eine der Schlüsselverantwortungen für uns Mitarbeiter. Wenn deine Freunde keine Leiter oder Mitarbeiter sind, ist ihnen das Dienen nicht wichtig. Sie genießen es, in einer Gemeinde zu sein, in der es bequem und sicher ist.
Für sie ist so ein Verhalten in Ordnung – aber für dich nicht. Deine Nicht-Leiter-Freunde können sich aussuchen, ob sie einen „einsamen Besucher" übersehen, aber als Leiter und Mitarbeiter hast du diese Wahl nicht.
Du kannst die anderen Menschen nicht links liegen lassen und dich nur um dich selbst drehen. Du hast dich verpflichtet zu dienen. Und das geht am besten, wenn du dich um andere kümmerst und Beziehungen aufbaust.

[redacted]

Es ist oft ein Konflikt: Auf der einen Seite stehen deine Freunde, und auf der anderen Seite dein Wunsch zu dienen. Diese Spannung ist eine Chance, die du nutzen solltest. Wenn du dienst und nicht in deiner Clique hängst, bist du ein großartiges Vorbild für deine Freunde – und genau das bedeutet es, ein Mitarbeiter zu sein.
Du wirst überrascht sein, wie viel Respekt andere vor dir haben werden, wenn du dich entscheidest, Gott zu dienen, indem du anderen dienst.

Einer unserer jugendlichen Mitarbeiter, Curtis, hat seine Reise mit Jesus begonnen, arbeitet in der Gemeinde mit und setzt sich für andere ein – weil sein bester Freund Dominic ein gutes Vorbild war und ihm gezeigt hat, was es bedeutet, ein Leiter zu sein. Es ist verblüffend, wie attraktiv diese Hingabe für Menschen sein kann, die so etwas noch nie erlebt haben.

Wenn du die beiden „Verpflichtungen" in dein Leben einbaust, wirst du merken, wie sie dir helfen deine Freundschaften auf eine ganz neue Ebene zu bringen.

Noch mal: Es ist nicht einfach ein Leiter oder Mitarbeiter zu sein, wenn deine Freunde keine Leiter sind. Du bist aber nicht alleine in dieser Spannung. Die meisten Leiter finden es schwierig, die Balance zwischen ihrem Auftrag als Leiter und ihrem Freundeskreis zu finden.

Es kann sogar passieren, dass du von einigen Freunden etwas Abstand nimmst, um Beziehungen zu anderen Leitern aufzubauen und deine Verantwortung besser wahrzunehmen.

Ein jugendlicher Leiter und Mitarbeiter zu sein verlangt dir einiges ab – aber es wird leichter sein und sich auszahlen, wenn du ein Gleichgewicht zwischen deinen Freundschaften und deiner Leiterschaft findest.

[redacted]

Achtung, Chaos!

Bleib positiv, wenn alles schief geht

Ein sehr einprägsames Erlebnis war unser Arbeitseinsatz in Mexiko vor einigen Jahren. Es hat so stark geregnet, dass wir auf unserem Campingplatz von den Wassermassen weggespült wurden.
Wir waren schon oft zur gleichen Jahreszeit in Mexiko gewesen, aber es war das erste Mal, dass so etwas passiert ist. Und weil wir wussten, dass es in Mexiko „niemals regnet", hatten wir für Regen auch keinen Notfallplan gemacht.
Der Einsatz war die totale Katastrophe. Zelte wurden weggeweht, technisches Equipment fiel dem Wasser zum Opfer und wir hatten keine Ahnung, wo wir die Teilnehmer und Mitarbeiter unterbringen konnten, damit sie nicht ertrinken. Wir brauchten trockene Decken und mussten durchnässte Schlafsäcke ersetzen, aber alle Läden hatten geschlossen – was die Herausforderung noch größer machte.

Im Rückblick würde ich den Einsatz so bewerten: Er war eine kostspielige Katastrophe und gleichzeitig eine großartige Erinnerung. Inzwischen ist er einer meiner Lieblingseinsätze geworden.
Was diesen Einsatz so großartig gemacht hat, waren die Wunder, die Gott uns geschenkt hat, und die positive Einstellung unserer jugendlichen Leiter und Mitarbeiter. Nur ein paar jugendliche Mitarbeiter mit schlechter Stimmung, und der Einsatz wäre mir nicht in positiver Erinnerung geblieben.

An deinem Verhalten in Chaos-Situationen kann man erkennen, ob du ein guter Leiter bist.

Hier sind drei Fragen, die dir helfen können, dich in diesem Bereich selbst einzuschätzen. Lies dir die folgenden Fragen durch und überlege, wie du reagieren würdest, wenn alles den Bach hinuntergeht:

1. Bist du bereit, einen Plan zu unterstützen, mit dem du nicht einverstanden bist?
2. Ziehst du dich zurück und hoffst heimlich, dass die anderen versagen?
3. Meckerst du herum und machst damit die Moral des Teams kaputt?

(Wenn du die erste Frage mit "Ja" beantwortet hast, ist das gut.)

Ein Teamspieler zu sein ist die einzig gesunde Reaktion in einer schwierigen Situation. Selbst wenn du unzufrieden bist, wird es deine Glaubwürdigkeit als Leiter und Mitarbeiter stärken, wenn du positiv und hilfsbereit bleibst. Echte Leiter zeichnet aus, wie sie in schwierigen Situationen reagieren, und nicht, wie gut sie im Rampenlicht stehen. Wenn Probleme aufkommen (und das wird passieren), ist das deine Chance zu zeigen, dass du zum Team gehörst und dass du ein dienender Leiter sein möchtest.

Hier sind ein paar Dinge, die unsere jugendlichen Leiter und Mitarbeiter getan haben, um auf unserem Katastrophen-Trip nach Mexiko zu helfen:

- Gepäck umräumen
- Zelte sauber halten
- Musikequipment retten
- kleinere Probleme selbst lösen
- trockene Klamotten mit anderen teilen
- Decken verteilen
- nicht motzen (das war besonders wichtig!)

Der gezeigte Einsatz und die positive Einstellung der Mitarbeiter haben die Teilnehmer dazu bewegt, ihrem Beispiel zu folgen. Ich möchte mir nicht vorstellen, wie viel schlimmer die ganze Situation ohne ihren Einsatz geworden wäre.

[redacted]

Sie waren wertvoll, weil sie gute Entscheidungen getroffen haben. Alle Probleme wurden bewältigt und der Mexiko-Einsatz blieb in guter Erinnerung.

Ich will dich herausfordern, allen Vorkommnissen bei einer Veranstaltung positiv gegenüberzustehen. Wenn du – egal was passiert – bereit bist, positiv zu sein, wirst du gut auf das Chaos vorbereitet sein, das in der Jugendarbeit auftaucht.

Einfach Danke sagen

Ermutige andere

Als Jugendpastor genieße ich es, Leiter und Mitarbeiter zu beobachten, die sich gegenseitig ermutigen. Ich liebe diese Situationen.

Ich bin davon so begeistert, weil Ermutigung nicht sehr häufig vorkommt. Ganz oft werden Menschen für kleine Fehler verbal fertiggemacht und ausgelacht. Ich meine diese kleinen alltäglichen Situationen, in denen wir andere (oft auch unsere Freunde) mit einer gehörigen Portion Sarkasmus bloßstellen. Es kommt leider nur selten vor, dass wir andere Menschen ermutigen.

Ich bitte dich, anders zu sein und es dir zur Gewohnheit zu machen, andere Leiter und Mitarbeiter zu ermutigen. Jesus sagt:

An eurer Liebe zueinander werden alle erkennen, dass ihr meine Jünger seid.
Johannes 13,35 (NGÜ)

Was Jesus hier sagt, ist folgendes: „Wenn ihr miteinander schlecht umgeht, werden andere Menschen denken, dass ihr Heuchler seid. Aber wenn ihr euch gegenseitig ermutigt, werden sie wissen, dass an euch etwas anders ist,.“

In meinen vielen Jahren als Jugendpastor wurde ich häufig enttäuscht und habe mich in meiner Leitung nur selten ermutigt und unterstützt gefühlt. Oft

[redacted]

hat schon ein einfaches „Danke" aus dem Mund eines anderen Leiters einen großen Unterschied in meinem Leben gemacht und mich eine Woche lang für meine Arbeit motiviert. Ermutigung ist ein großartiges Werkzeug für Leiter – und es ist nicht kompliziert, dieses Werkzeug zu benutzen.

Sag einfach „Danke!"

Ein nettes Wort zeigt mir, dass ich nicht alleine bin und es jemanden gibt, der mit mir im Team arbeitet und mich anfeuert.

Wie kannst du auf einfache Weise andere Leiter und Mitarbeiter in deiner Gemeinde ermutigen? Suche konkrete Antworten auf diese Frage und du wirst schnell merken, wie viele nette Worte du für andere Menschen in deinem Herzen findest. Und wenn du einmal diese Worte in deinen Gedanken gefunden hast, wird es dir leichter fallen, sie auch auszusprechen.

Obwohl Ermutigung sehr einfach ist, geschieht sie nicht automatisch. Du musst dich bewusst dafür einsetzen. Hier sind ein paar Ideen, wie du damit anfangen kannst:

- **Sag es, wenn jemand etwas gut macht.** Wenn du andere Mitarbeiter bei etwas Lobenswertem beobachtest, lass es sie wissen.
- **Biete spontan deine Hilfe an.** Euer Team wird enger zusammenwachsen, wenn du die anderen Leiter und Mitarbeiter freiwillig unterstützt.
- **Tratsche nicht.** Wenn du Gerüchte nicht weitertratschst, wirst du Probleme lösen, schon bevor sie entstehen. Damit zeigst du, dass dir die anderen im Team wirklich wichtig sind.
- **Sprich gut über Menschen hinter ihrem Rücken.** Du wirst damit eine gute Atmosphäre schaffen, weil jeder weiß, dass euer Team sich nicht gegenseitig in den Rücken fällt. Wenn du dagegen schlecht über andere Leiter redest, öffnest du der Kritik anderer Menschen Tür und Tor. Das kann großen Schaden anrichten.

[redacted]

- **Sei jemand, auf den man sich verlassen kann.** Wenn du etwas zusagst, erledige es, ohne dass man dich immer wieder daran erinnern muss. Komm pünktlich zu einer Veranstaltung und bleib, bis alles zu Ende ist. Solltest du es einmal nicht schaffen, dich an eine Verabredung zu halten, sag rechtzeitig Bescheid.

Du kannst anfangen, diese Punkte in deine Leiterschaft einzubauen, und einen positiven Trend setzen. Warte nicht, bis ein anderer auf diese Idee kommt, sondern fang sofort damit an, andere zu ermutigen.

Bestimmt ist dir aufgefallen, dass nirgendwo in diesem Abschnitt steht: Ermutige nur *jugendliche* Leiter und Mitarbeiter. Alle Leiter brauchen Ermutigung. Die erwachsenen Leiter, dein Pastor und deine Freunde – alle brauchen deine Ermutigung. Sie werden viel produktiver sein, wenn niemand nur auf sein eigenes Team schaut.

Und weißt du was? Wenn du andere ermutigst, wird dir selbst die Arbeit in der Gemeinde viel mehr Spaß machen.

Das sehe ich anders

Reagiere richtig, wenn du nicht einverstanden bist

Weil du es sowieso irgendwann erleben wirst, kann ich dich auch jetzt schon auf eine wichtige Sache hinweisen: Ein Leiter zu sein wird manchmal wehtun. Schmerzen und Konflikte sind Teil von Leiterschaft und gehen Hand in Hand. Deswegen ist es wichtig, dass du lernst, gut durch die Wellen der Meinungsverschiedenheiten zu navigieren. Diese Eigenschaft brauchst du als Leiter.

Viele jugendliche Leiter werden nervös, wenn sie in Konfliktsituationen geraten. Es entsteht eine innere Unruhe, man ist verwirrt, angespannt, fühlt sich nicht gut – und am liebsten würde man dieser Spannung aus dem Weg gehen. Das tun auch viele Leiter. Die Verleugnung eines Konfliktes ist eine beliebte Strategie: Entweder tun sie so, als ob es den Konflikt nicht gäbe, oder sie warten, dass der Konflikt von alleine verschwindet.

[redacted]

Verleugnung kenne ich gut: Früher habe ich auch versucht, meine Probleme auf diese Art zu lösen. Wenn ich in einen Konflikt geraten bin, habe ich mich zurückgezogen und war beleidigt. So zu tun, als gäbe es keinen Konflikt, war sehr einfach – aber es hat nie dazu beigetragen, eine gute Lösung für das Problem zu finden.

Als Leiter musst du lernen, dich Konflikten zu stellen und Frieden mit anderen Menschen zu suchen.

Nehmen wir mal an, dein Jugendleiter entscheidet sich eine Veranstaltung aus dem Programm zu nehmen, die dir persönlich viel bedeutet. Das würde dich wahrscheinlich ärgern und du glaubst, seine Entscheidung ist falsch. Wie reagierst du? Es wäre sicher nicht gut, wenn du laut fluchst, die Einrichtung zerstörst oder deinen Jugendleiter öffentlich als Idioten beschimpfst. Aber du solltest auch nicht so tun, als ob nichts wäre, und warten, bis deine Wut einfach verschwindet (das wird nämlich nicht passieren).

Mein Vorschlag ist, dass du dir in so einer Situation die folgenden Fragen stellst:

1. Wieso wurde meiner Meinung nach diese Entscheidung getroffen?
2. Kann ich dieser Entscheidung etwas Gutes abgewinnen? Was konkret?
3. Welche guten Dinge könnten aus dieser Entscheidung entstehen?
4. Welche Resultate erhoffe ich mir?
5. Was macht mich an dieser Entscheidung so wütend?

Schreib deine Antworten zu diesen Fragen auf einen Zettel und lege ihn zur Seite. Schau dir deine Antworten nach einigen Stunden erneut an und verändere sie, falls du in der Zwischenzeit neue Gedanken bekommen hast.

Du hast jetzt darüber nachgedacht und musst dir als nächstes überlegen, wie du auf die Entscheidung deines Leiters reagieren wirst. Hier sind einige Optionen:

[redacted]

- **Akzeptiere die Entscheidung und unterstütze sie.** Selbst wenn du nicht einverstanden bist, musst du ein Teamspieler sein – und das bedeutet, dass du die Entscheidung anderer unterstützt.

  Eine kleine Randnotiz: Es kann gut sein, dass du nicht alle Gründe hinter einer Entscheidung kennst. Ich habe schon Jugendliche erlebt, die sich sehr über eine meiner Entscheidungen geärgert haben. Dabei konnten sie gar nicht wissen, wie viel wir gebetet, mit welchen Leuten wir gesprochen und wie sehr wir um Weisheit gerungen haben, bevor wir diese Entscheidung umgesetzt haben. Sie waren sauer, weil es nicht so lief, wie sie es wollten. Und sie nahmen an, dass ich eine schlechte Entscheidung getroffen hätte, ohne vorher zu beten und Gott um Rat zu fragen.
  Bitte denk daran, dass die meisten Jugendleiter keine Entscheidungen treffen, ohne vorher zu beten, mit anderen zu reden und die Folgen sorgfältig zu durchdenken.

- **Notiere Alternativen und Verbesserungsvorschläge.** Gib diese Liste der Person, die die Entscheidung getroffen hat und lass sie wissen, was du denkst.

- **Blockiere nicht den Weg.** Wenn du die Entscheidung nicht unterstützen kannst, dann ermutige ich dich, aus dem Weg zu gehen, damit du kein Hindernis bist. Das kann bedeuten, dass du an einer bestimmten Veranstaltung nicht mehr teilnehmen kannst, oder – im Extremfall – aufhören musst, ein Leiter oder Mitarbeiter zu sein. Du würdest Spaltung erzeugen, wenn du nicht aus dem Weg gehst, obwohl du eine Entscheidung nicht unterstützen kannst.

Wie auch immer du dich entscheidest: Spaltung erzeugen, tratschen oder wütend sein sind keine biblischen Optionen für einen Leiter. Je früher du lernst mit kleineren Konflikten umzugehen, desto besser wirst du auf größere Konflikte vorbereitet sein.

Wenn du leitest, wirst du auf jeden Fall Konflikte erleben.

Deine Jugendarbeit lebt von deinem Verhalten, deinen Gesprächen und deinem Mitmachen. Wenn du sie damit nicht unterstützt, bist du nicht hilfreich.

> Ich musste schon mal einige Leiter und Mitarbeiter bitten, ihre Aufgaben so lange ruhen zu lassen, bis sie sich wieder an unsere Vereinbarungen halten konnten. Wenn sie nach dieser Pause wieder mitarbeiten wollten, haben wir über die Erwartungen, die das Leiter-Sein mit sich bringt, geredet und gemeinsam überlegt, ob sie bereit sind, diese zu erfüllen.

Wenn du zurzeit nicht voll hinter deiner Jugendarbeit stehen kannst, wirst du an Glaubwürdigkeit gewinnen, wenn du freiwillig eine Pause einlegst, anstatt ein Leiter oder Mitarbeiter zu sein, der sein Team im Stich lässt.

Ideen einbringen

Klammer dich nicht an deine Vorschläge

Ich hoffe, dass dir in diesem Kapitel klar geworden ist, was in deiner Jugendarbeit passiert und wie du andere Leiter unterstützen kannst. Wenn du das große Bild deiner Jugendarbeit erkennst, wirst du sicherlich Ideen bekommen, die du gerne umsetzen würdest. Rede mit Gott darüber und triff dich danach mit deinem Jugendleiter, um ihm davon zu erzählen. Nur: Klammer dich nicht zu sehr an deine Ideen und lass sie los, falls sie nicht umgesetzt werden.

Bitte Gott, dass er dich und deine Ideen benutzt, um die Jugendarbeit positiv zu beeinflussen. Aber sei nicht zu sehr enttäuscht, wenn deine Ideen nicht angenommen werden. Selbst wenn – aus welchen Gründen auch immer – sie abgelehnt werden, war es wichtig, dass du sie der Jugendleitung vorgestellt hast. Und wenn deine Ideen umgesetzt werden: super!

Was auch immer passiert: Über Ideen nachzudenken und sie auf gute Art und Weise weiterzusagen trägt zu einer guten Teamarbeit bei.

[redacted]

Dich nicht an deinen Ideen festzuklammern gibt der Jugendleitung die Chance, darüber nachzudenken, wie wertvoll sie für die nächsten Schritte der Jugendarbeit sein können.

Außerdem hilft dir dieses Vorgehen, deine Motive besser zu erkennen: Solltest du dich darüber ärgern, dass deine Idee nicht umgesetzt wird, kannst du überprüfen, ob du vielleicht zu stolz bist.

Wenn es dir dagegen leicht fällt, die Entscheidung der Jugendleitung zu unterstützen, kannst du dir sicher sein, dass du als Leiter oder Mitarbeiter wächst.

Dein Auftrag als jugendlicher Leiter und Mitarbeiter ist es nicht, die komplette Jugendarbeit auf den Kopf zu stellen, sondern ihr zu dienen, sie zu verstehen und voll hinter ihr zu stehen.

Zusammenfassung

Und eine Herausforderung

In diesem Kapitel gibt es viele gute Ideen, die du in deinem Leben umsetzen kannst.

Ich fordere dich auf, herauszufinden, welche Ziele die Veranstaltungen in deiner Jugendarbeit verfolgen. Schreibe alle Veranstaltungen auf einen Zettel und überlege dir, welches biblische Ziel diese Veranstaltungen erfüllen sollen: Geistliches Wachstum, Gemeinschaft, Dienen, Gott anbeten oder andere zu Jesus einladen?

Wenn du die Ziele nicht kennst: Frag nach! Das wird dir und den anderen jugendlichen Leitern sehr helfen. Solltet ihr gemeinsam mit mehreren jugendlichen Leitern und Mitarbeitern dieses Buch lesen, tauscht euch über die Ergebnisse aus.

Was Alyssa dazu sagt

Die Arbeit der Gemeinde und andere Leiter zu unterstützen ist ein Bereich, der mir leicht fällt. Ich verstehe die Ziele unserer Veranstaltungen und weiß, warum wir das tun, was wir tun. Das hilft mir, mit unzufriedenen Teilnehmern zu reden, und damit die anderen Leiter und Mitarbeiter zu ermutigen.

Sehr motivierend: Man merkt sofort die Veränderung, die Ermutigung auslöst. Deswegen versuche ich unserer Jugendarbeit so oft ich kann und so gut es geht zu helfen, indem ich sie voll unterstütze.

Denk dran: Menschen hören auf das, was du sagst, und deine Meinung hat Gewicht – selbst wenn du (wie ich selbst) noch ein Teenager bist. Einer einzigen Person die Jugendarbeit zu erklären und sie dazu motivieren, ebenfalls hinter der Arbeit zu stehen, kann viel bewirken.

5 Leiter lösen Probleme

5
Leiter lösen Probleme

Im letzten Kapitel hast du gesehen, dass du nicht der einzige Leiter und Mitarbeiter auf der Erde bist. Du bist Teil eines Teams, und entweder stärkst du die Jugendarbeit mit deinem Verhalten oder du bremst sie.

Dieses Kapitel baut direkt auf dem Thema Teamarbeit aus dem letzten Kapitel auf: Wenn du lernst Probleme zu lösen, trägst du zur Gesundheit* und Leistungsfähigkeit des ganzen Teams bei.

Leider passiert das nicht sehr häufig. Die meisten jugendlichen Leiter packen nicht selbst an, sondern ziehen andere Leiter oder Mitarbeiter mit in das Problem hinein. Dadurch geht viel Zeit und Kraft verloren.
Wenn du anfängst, selbst an der Lösung eines Problems zu arbeiten, würdest du erstaunt sein, wie viel du ohne die Hilfe von anderen erreichen kannst.

Eine Sache solltest du allerdings nicht vergessen: Dieses Kapitel beschreibt, wie du effektiv Probleme lösen kannst. Aber es gibt Probleme, die so groß sind, dass du sie nicht alleine bewältigen kannst. In so einem Fall ist es wichtig, dass du andere um Hilfe bittest.

---

* Wenn du mehr über gesunde Jugendarbeit erfahren möchtest, kannst du Kapitel 10 im Buch Abenteuer Jugendarbeit lesen oder die Podcasts auf unserer Webseite anschauen.

Probleme erkennen

Sei Teil der Lösung

Normalerweise entscheidet entweder die Größe des Problems oder das Level deiner Leiterschaft darüber, wie du reagierst.

Leider habe ich oft gesehen, dass Leiter so lange nicht auf ein Problem reagiert haben, bis es zu groß war, um es alleine lösen zu können. *„Dieser Kerl hat schon den ganzen Jugendraum vollgeblutet – ich denke, ich sollte mal etwas unternehmen."*

Jeder kann ein offensichtliches Problem erkennen. Aber nicht jeder ist sich seiner Aufgabe als Leiter so bewusst, dass er es unaufgefordert löst. Ich möchte gerne, dass du lernst auf Probleme zu reagieren, bevor sie außer Kontrolle geraten. Jedes Mal wenn du in Problemsituationen die Initiative ergreifst, wirst du deine Fähigkeiten als Leiter erweitern und für dein Team immer wichtiger werden.

Du hast im Grunde nur drei Möglichkeiten, auf ein Problem zu reagieren: Du kannst es ignorieren, du kannst es melden oder du kannst es selbständig lösen.

- **Das Problem ignorieren:** Ich hoffe, dass du dich nicht für diese Möglichkeit entscheidest. Ein Problem einfach liegenzulassen, wird die Gesundheit der Jugendarbeit gefährden.

- **Das Problem melden:** Wenn du jedes Problem deinem Jugendleiter meldest, erzeugst du für ihn Stress. Probleme melden ist nichts Besonderes, jeder kann das tun („Hey Doug! Wir brauchen mehr Stühle!"), aber es hilft niemandem. Ich würde mir wünschen, dass Leiter und Mitarbeiter mehr tun als andere zu informieren. Ein Problem zu melden kommt nur dann in Frage, wenn du oder andere jugendliche Leiter nicht in der Lage sind es zu lösen.

- **Ein Problem lösen:** Das sollte deine normale Reaktion sein. Wenn zum Beispiel mehr Stühle gebraucht werden, mach dich auf die Suche nach mehr Stühlen, anstatt jemand anderem Bescheid zu sagen. Oder wenn du einen Jugendlichen siehst, der bei einer Veranstaltung alleine herumsteht, geh nicht zu deinem Jugendleiter und sag: „Hey! Ich glaub der Typ da hinten ist zum ersten Mal hier!" Stell dich der Person vor und nimm sie mit zu deinen Freunden.

(*Einzige Ausnahme:* Meine jugendlichen Leiter und Mitarbeiter sollen mich sofort informieren, wenn einer der Jugendlichen sein eigenes oder das Leben einer anderen Person in Gefahr bringt. Diese Art von Problemen sollten sie nicht alleine lösen.)

Du verpasst eine großartige Gelegenheit, ein Leiter zu sein, wenn du Handlungsbedarf siehst und außer einer Meldung nichts weiter unternimmst.

Wenn jugendliche Leiter oder Mitarbeiter mit einem Problem zu mir kommen, antworte ich oft: „Macht euch mal Gedanken darüber und sagt mir, ob ihr eine Lösung findet."

Weißt du was? In fast allen Fällen finden sie eine! Sie sind großartige Leiter, die noch gar nicht wissen, zu was sie alles fähig sind. Viele Situationen, die auf den ersten Blick zu schwierig erscheinen, kannst du mit ein wenig Nachdenken und Interesse selbst bewältigen.

Zum Beispiel: Wenn du einen Jugendlichen siehst, der auf dem Klo mit Ratten spielt, greif ein. Wenn dir die Sache dann zu gefährlich wird (die Ratten fressen kleine Kinder), kannst du um Hilfe bitten.

Wenn du beim Versuch einer Problemlösung einen Fehler machst, ist das meistens immer noch besser, als das Problem zu ignorieren. Ganz ehrlich: Es gibt kaum Fehler, die man nicht wieder gerade biegen kann.

Deswegen ist es besser, einen großen Fehler zu machen, weil man von etwas überzeugt ist und begeistert leitet, als einfach gar nichts zu tun.

[redacted]

Wenn du dir nicht sicher bist, sprich dich mit deinem Jugendleiter ab: „Doug! Ich will dieses Problem sehr gerne alleine lösen. Ist das für dich in Ordnung? Wenn ich darf, lege ich los, und wenn es nicht klappt, werde ich dich um Hilfe bitten."

Damit zeigst du, dass du Verantwortung übernehmen willst, aber nicht genau weißt, ob du es alleine schaffst. Ich schätze es sehr, wenn Leiter und Mitarbeiter ihre Unsicherheit ehrlich zugeben.

Jugendliche Leiter und Mitarbeiter übernehmen Verantwortung in ihrem Arbeitsbereich und suchen nach Möglichkeiten, *selbst* auf die Probleme zu reagieren, anstatt sofort zum Jugendleiter zu rennen.

Wenn du dich so verhältst, wirst du merken, dass du ein besserer Leiter wirst und andere mehr Respekt vor dir haben werden.

Meistere Konflikte

Trage zur schnellen Klärung bei

Wie ich bereits im vierten Kapitel beschrieben habe, kann man als Leiter Konflikten nicht aus dem Weg gehen. Immer wenn Menschen zusammenkommen, wird es Spannungen geben. Jetzt möchte ich dir zeigen, wie wichtig es ist, Konflikte so schnell wie möglich zu lösen, damit du nicht noch mehr Spannung verursachst.

Wenn Konflikte nicht zeitnah gelöst werden, kommen negative Gefühle an die Oberfläche und treiben einen Keil in deine Beziehungen. Wenn man dagegen Konflikte schnell und ehrlich löst, wächst ein Team zusammen und alle profitieren davon.

Ich kann es gar nicht deutlich genug sagen: „Wenn du als Leiter effektiv sein willst, musst du lernen, Beziehungskonflikte zu lösen. Daran führt kein Weg vorbei. Es ist Teil des Leiter-Seins!"

Bei mir ist das so: Wenn ich in einen Konflikt gerate, muss ich mich erst mal beruhigen, beten und Gott um Weisheit bitten, bevor ich auf die andere Person zugehe und mich mit ihr versöhne.

Mittlerweile weiß ich, wie ich mich angemessen verhalten kann, wenn andere Menschen sauer auf mich sind (und natürlich weiß ich auch, wie ich mich nicht verhalten sollte). Hier sind ein paar Tipps:

1. **Ignoriere den Konflikt nicht.** Menschen, die Frust mit sich herumtragen, werden ihn früher oder später ausspucken. Dann ist häufig mehr Emotion als Verstand im Spiel. Wenn du einer Person aus dem Weg gehst, gibst du ihr die Möglichkeit, verbale Munition zu sammeln, die sie irgendwann in deine Richtung feuert. Das solltest du verhindern. Wenn du weißt, dass jemand sauer auf dich ist, dann geh auf die Person zu und kläre das Problem. Eine kurze Schlacht tut weniger weh als ein langer Krieg. Ich würde das Gespräch vielleicht so anfangen: „Ich hab das Gefühl, dass zwischen uns beiden etwas nicht in Ordnung ist. Wenn du das genauso siehst, würde ich sehr gerne mit dir darüber reden."

2. **Lass den anderen ausreden.** Für gute Kommunikation ist es wichtig, dass andere ausdrücken können, wie es ihnen geht, ohne unterbrochen zu werden. Sicherlich bist du manchmal versucht sie zu unterbrechen, weil du dich verteidigen oder etwas klarstellen willst. Aber lass die andere Person ausreden. Erst nachdem du dir alles angehört hast, bist du an der Reihe. Es ist nicht nur für die Kommunikation wichtig, sondern ist auch eine sehr respektvolle Art und Weise mit Menschen umzugehen.

3. **Greife nicht an.** Vermeide Beleidigungen (wie z.B. „Du bist dumm!") und versuche auch nicht, dich zu verteidigen (das führt in der Regel nämlich zu neuen Angriffen). Vielleicht fällt dir das schwer, aber gesunde Kommunikation vermeidet persönliche Attacken.

4. **Beende das Gespräch mit einer positiven Bemerkung.** Ich beende fast jeden Konflikt mit einer positiven Bemerkung. Wenn es Schwierigkeiten zwischen mir und einer anderen Person gab, möchte ich ihr dadurch versichern, dass sie gehört wurde und ich sie verstanden habe. Sie soll wissen, dass mir ihre Meinung wichtig ist und sie in Zukunft jederzeit mit mir reden kann.

Vielleicht denkst du jetzt: *„Ja gut! Aber was ist, wenn es umgekehrt ist und ich auf andere sauer bin?"* Sehr gute Frage! Hier sind ein paar Tipps für diese Situation:

1. **Vermeide Spaltung.** Versuche in einem Konflikt nicht, Dritte auf deine Seite zu ziehen. Wenn sie weder Teil des Problems noch Teil der Lösung sind, brauchst du ihnen gar nichts von dem Konflikt zu erzählen.

2. **Geh zu den betroffenen Personen.** Immer wenn ich versucht habe Konflikte über Dritte zu lösen, ging das vollkommen in die Hose. Die meisten Spannungen entstehen durch Missverständnisse, die durch blühende Fantasie, Gerüchte und Tratsch aufgebauscht werden. Das kannst du verhindern, indem du das Problem direkt mit den betroffenen Menschen klärst.

3. **Versetz dich in den anderen hinein.** Es gibt viele Probleme, von denen ich nicht weiß, wieso sie entstanden sind. Ich brauchte einige Jahre, bis ich ein einfaches Prinzip des Konfliktmanagements verstanden hatte: Jede Geschichte hat zwei Seiten. Ich kenne meine Seite und weiß, warum ich sauer bin. Deswegen glaube ich die Lösung zu kennen, ohne die Sichtweise der anderen zu berücksichtigen.

   Aber wenn ich trotz meines Ärgers versuche, die anderen zu verstehen, kann ich auch ihre Version der Geschichte sehen (selbst wenn ich anderer Meinung bin). Wenn du das ausprobierst, wirst du sehen, dass du viel ruhiger und entspannter mit anderen reden kannst.

[redacted]

4. **Hol dir guten Rat.** Oberflächlich betrachtet scheint dieser Tipp das Gegenteil des ersten zu sein (Geh zu den betroffenen Personen). Rat suchen bedeutet nicht, jemanden zu finden, der das Problem für mich löst. Stattdessen will ich die Situation mit einem Menschen, den ich respektiere, durchsprechen. Man kann das vorsichtig tun, indem man die Situation verallgemeinert und nicht anfängt zu tratschen. Normalerweise suche ich mir Rat bei Menschen, die die betroffene Person nicht kennen.

5. **Greif die andere Person nicht an.** Wenn ich mit der betreffenden Person über den Konflikt rede, darf ich sie nicht angreifen. Ich spreche den Konflikt nur unter vier Augen an. Du kannst einen Menschen in der Öffentlichkeit loben, aber du darfst niemanden öffentlich negativ konfrontieren.

   Ich achte dabei auf meine Einstellung, meine Körpersprache und meine Wortwahl. Ich spreche in einem nicht-aggressiven Tonfall, damit ich den anderen nicht einschüchtere. Oft fange ich das Gespräch mit einer Entschuldigung an: Ich gebe zu, dass ich Teil des Konfliktes bin, und bitte mein Gegenüber um Vergebung. Wenn ich das tue, muss die andere Person sich nicht verteidigen und wir können über die eigentlichen Probleme reden.

Wenn du schnell zur Klärung von Konflikten beiträgst,

- werden Konflikte und ihre Lösung deine Beziehungen stärken.
- wirst du Ärger und Frust nicht mehr in dir sammeln und dadurch weniger Stress haben.
- wirst du auf zukünftige Konflikte besser vorbereitet sein.

Wenn du ein Leiter bist, wirst du Konflikten nicht entkommen können. Entweder musst du aufhören, Leiter zu sein, oder du musst lernen, gut mit Konflikten umzugehen.

[redacted]

Fair streiten

Vertrete deine Meinung ohne dich zu verteidigen

Neulich hat mich einer meiner Jugendlichen gefragt, ob es möglich ist, seine Meinung zu vertreten ohne dabei so zu klingen, als wolle man andere angreifen. Wir haben etwas darüber geredet und sind zu folgendem Ergebnis gekommen: Es ist möglich – aber sehr schwierig.

Meistens verteidigen wir uns schon, während wir unsere Argumente vorbringen, und erzeugen auf diese Weise zusätzlichen Zündstoff. Sich verteidigen bedeutet diskutieren ohne zu versuchen, den anderen zu verstehen.

Wir haben darüber nachgedacht, wie wir unsere Meinung vertreten können, ohne einen Konflikt zu verursachen und anzufachen. Hier sind ein paar Ideen:

1. **Mach dir Notizen, bevor du deine Meinung verteidigst.** Überlege dir nicht schon die Antwort, während die andere Person noch spricht. Sonst kann es dir passieren, dass du dich an Kleinigkeiten aufhängst, die andere Person unterbrichst oder nicht zu Ende zuhörst. Diese Fähigkeit muss man lernen.
   Schreibe dir Stichpunkte von deinen Gedanken und den Aussagen des anderen auf. So erinnerst du dich später daran, was du sagen wolltest, und hast den Kopf frei zum Zuhören.

2. **Stelle Fragen.** Wenn eine Person merkt, dass du sie verstehen willst, wird sie entspannter. Hinzu kommt, dass deine Fragen vielleicht eine neue Sichtweise aufzeigen. Wenn du Konflikte ruhig und respektvoll besprichst, lernst du, gut und sinnvoll zu argumentieren.

3. **Finde Gemeinsamkeiten heraus.** Worin seid ihr euch einig? Teilt ihr das gleiche Ziel und geht vielleicht nur unterschiedliche Wege? Oft haben wir das gleiche Ziel, wollen es nur auf unterschiedliche Weise erreichen. Es ist einfacher, einen Streit zu beenden, wenn man merkt, dass man das gleiche Ziel hat.

4. **Denke über einen Kompromiss nach.** Wenn du kompromissbereit bist, zeigst du der anderen Person, dass du sie verstehen und den Konflikt lösen willst.
   Wenn ihr beide die Geschütze herunterfahrt, werdet ihr fast immer in der Lage sein, eure Kräfte zu vereinen, einen gemeinsamen Plan zu erarbeiten und eure Ideen zu kombinieren.

Wenn du dich sofort verteidigst, kann ein Konflikt eskalieren. Du kannst schnell stolz und stur werden. Aber wenn du einen Konflikt ruhig und bedacht angehst, nimmst du dem Ärger den Wind aus den Segeln. Du wirst andere verstehen und hilfst, eine Lösung zu finden.

Wenn du diese Fähigkeiten lernst, werden sie nicht nur deinen Dienst in der Gemeinde verbessern, sondern sämtliche Bereiche deines Lebens positiv beeinflussen: Familie, Schule, Arbeit, dein Leben an der Uni sowie deine spätere Ehe und Karriere.

Konflikte sind unvermeidbar. Sie sind überall. Und je früher du lernst, dich im Konfliktfall richtig zu verhalten, desto besser wirst du.

Ich garantiere dir, dass du beim Thema Konflikte Fehler machen wirst. Ich erlebe immer wieder, wie selbst erfahrene Mitarbeiter scheitern, obwohl sie eigentlich wissen, wie man Konflikte löst. Solltest du in einer Konfliktsituation scheitern, dann lies dieses Kapitel noch einmal und überlege dir, wie du dein Verhalten beim nächsten Konflikt verbessern kannst.

Es ist eine Kunst, seine Meinung zu vertreten ohne andere zu beleidigen. Sie wird dir helfen, dort erfolgreich zu sein, wo viele andere Menschen versagen.

[redacted]

Bist du Teil der Lösung oder Teil des Problems?

Beende Gerüchte

Die meisten Menschen lieben Gerüchte. Wir sind hungrig nach Klatsch und Tratsch und füttern millionenschwere Unternehmen mit Geld, indem wir Zeitungen und Magazine kaufen, die unseren Appetit auf das Privatleben anderer stillen. Und diese Liebe zu Tratsch schwappt täglich in die Gemeinde.

Gerüchte sind Informationsschnipsel, die zufällig aufgeschnappt wurden, von Dritten weiter erzählt und dabei jedes Mal ein wenig „verziert" werden. Normalerweise steckt in Gerüchten wenig Wahrheit und viel falsche Information. Je weiter sich Wahrheit von ihrer Quelle entfernt, desto ungenauer wird sie. Und irgendwann hat Information nur noch sehr wenig mit der Wahrheit gemeinsam. Ein Gerücht ist entstanden.

Wie reagieren deine Ohren auf Tratsch? Bist du in der Lage, dich wegzudrehen, wenn du Gerüchte hörst? Vielleicht merkst du nicht einmal, dass du Gerüchte verbreitest, weil es sich normal für dich anfühlt, über andere zu reden.

Das Schlechte an Gerüchten ist, dass sie oft ein Symptom dafür sind, dass dein Herz sich von Gott entfernt hat. Gerüchte machen ein gesundes Leben kaputt und gefährden sogar ganze Gemeinden.

Ich fordere dich heraus, Gerüchte nicht weiterzuverbreiten und gar nicht erst zuzuhören, wenn andere sie erzählen.

Hier sind ein paar Anregungen, wie du mit hässlichen Gerüchten umgehen kannst:

- **Zerstöre das Gerücht, indem du die Wahrheit verbreitest.** Falls du die Wahrheit über das Gerücht kennst, kannst du sie entweder mitteilen (falls sie nicht vertraulich ist) oder sagen: „Du hast nicht die richtigen Informationen und solltest nicht über diese Situation reden."

- **Lade den Betroffenen des Gerüchtes in die Unterhaltung ein.** Das ist die beste Methode, um ein Gerücht zu stoppen. Wenn die Person, über die geredet wird, gerade in der Nähe ist, bitte sie, an der Unterhaltung teilzunehmen. Wenn zum Beispiel Micha ein Gerücht über Lynn erzählt, würde ich sagen: „Hey, Lynn, komm mal eben rüber. Micha erzählt gerade etwas über dich." Du wirst erstaunt sein, wie schnell Micha seinen Mund wieder schließt.

- **Wechsel das Thema.** Wenn du dich mit Freunden unterhältst und jemand fängt an ein Gerücht zu erzählen, dann sag einfach: „Wir sollten nicht darüber reden, weil wir weder Teil des Problems noch Teil der Lösung sind." Abrupt? Ja! Aber hilfreich!

  Würde das jemand zu mir sagen, würde Folgendes passieren. *Erstens:* Ich würde den Mund halten. *Zweitens:* Ich würde mehr Respekt vor der Person bekommen, die es gesagt hat. *Und drittens:* Ich hätte gelernt, wie man sich richtig verhält, wenn jemand anfängt zu tratschen.

Gewöhne dir folgende Frage an: „Bin ich Teil des Problems oder Teil der Lösung?" Wenn die Antwort „Nein" ist, brauchst du nicht mitzureden.

Das Schlechte an Gerüchten ist, dass sie anderen nicht helfen. Dabei ist genau das unsere Aufgabe als Leiter: Andere Menschen zu ermutigen, und so Gott mit unserem Leben zu ehren. Sich Tratsch anzuhören gehört nicht in das Leben eines Leiters.

Wenn du den Ruf hast, Gerüchte zu verbreiten, wird deine Effektivität als Mitarbeiter abnehmen. Du wirst den Respekt und das Vertrauen der anderen verlieren und mehr Probleme bekommen.

Ich musste den Umgang mit Gerüchten auf die harte Tour lernen. Und hier ist das Ergebnis meines Lernprozesses in einem Satz: Wenn du es nicht genau weißt, halt den Mund.

[redacted]

Ist der Konflikt es wirklich wert?

Beantworte das „Wie“ und das „Ob“

In jedem Konflikt gibt es zwei Möglichkeiten: Entweder andere zu ermutigen oder sie fertigzumachen. Es liegt an deiner Entscheidung, wie effektiv du als Leiter bist. Und weil das Leben voller Konflikte ist, wirst du viele Chancen haben, deinen Umgang damit zu üben.

Bevor du auf einen Konflikt reagierst, solltest du dir gut überlegen, ob er es dir überhaupt wert ist, Zeit und Energie zu investieren. Ist dir das Thema wirklich wichtig? Es gibt viele Konflikte, für die deine Zeit zu wertvoll ist. Wenn du dich in alles einmischst, was dir nicht gefällt, würdest du sehr schnell als Heulsuse bekannt sein (und außerdem müsstest du eine Menge Enttäuschungen verarbeiten).

Nachdem du entschieden hast, ob du einen Konflikt lösen möchtest, musst du dir Gedanken machen, wie du das Problem am besten ansprichst. Die Frage nach dem „Wie“ ist genauso wichtig wie die Frage nach dem „Ob“.

Stell dir vor, auf dem Arm deines Freundes sitzt eine Mücke und du tötest sie mit einem Hammerschlag. Du hättest sein Problem auf ungewöhnliche Art und Weise gelöst (übrigens eine tolle Idee für ein Video), aber dein Freund würde sich wahrscheinlich mehr über deine Hammer-Methode ärgern als über einen kleinen Mückenstich.

> *Hier ist ein Beispiel eines unwichtigen Konfliktes, für den mir meine Energie zu wertvoll war:* Heute hat mir ein Verlag acht verschiedene Entwürfe für das Design eines meiner Bücher (nicht dieses Buch) gezeigt. Keiner von ihnen hat mir wirklich gefallen. Es war bereits der dritte Satz an Vorschlägen und ich war bisher von keinem Entwurf begeistert.
>
> Weil gerade viel in meinem Leben passiert (dringende Kleinigkeiten, die ich erledigen muss; andere Menschen, die meine Aufmerksamkeit brauchen; meine Arbeit; dieses Buch usw.), musste ich entscheiden, ob

> das Design des Buches es wert ist, einen zeitraubenden Konflikt mit dem Verlag anzufangen. Ich habe mich dagegen entschieden. Ich habe schon eine Reihe Bücher geschrieben und ich weiß, dass das Aussehen zwar wichtig ist – aber der Inhalt ist wichtiger. Deswegen habe ich ein Design ausgewählt, das mir nicht sonderlich gefiel. Das war besser als mich zu streiten und darauf zu hoffen, dass ich eventuell von einem weiteren Entwurf begeistert sein würde. So habe ich mir einen Konflikt erspart, den ich nicht brauchte.

Konflikte gibt es überall. Aber nicht bei jedem lohnt es sich, deine Zeit und Kraft zu investieren. Kämpfe für die wichtigen Dinge und lass die Kleinigkeiten einfach links liegen. Um das unterscheiden zu können, musst du Gott um Weisheit bitten.

Zusammenfassung

Und eine Herausforderung

Ich fordere dich heraus, deine Konflikte auf ehrliche Weise zu lösen. Das wird Gott ehren. Versuche Konflikte von Angesicht zu Angesicht zu lösen. Überstürze nichts. Wenn du dich erst einmal zurückziehst, kannst du in Ruhe nachdenken. Später kannst du die andere Person dann persönlich ansprechen – in aller Ruhe und mit Respekt.

> *Und noch etwas:* Das Problem mit elektronischen Kommunikationsmitteln (E-Mail, Telefon, Chat, SMS usw.) ist, dass du nichts zurückholen kannst, nachdem es verschickt wurde. Du kannst keine Nachrichten in der Mailbox deiner Freunde löschen. Du kannst deinen Tonfall am Telefon nicht ändern, nachdem du jemanden angemotzt hast.

Wenn du einer Person gegenüberstehst, überlegst du dir genauer, was du sagst. Außerdem hilft dir deine Körpersprache zu vermitteln, was du nicht in Worten ausdrücken kannst (z.B. eine Umarmung, eine Träne oder ein Gesichtsausdruck, der zeigt, dass du mitfühlst).

Du wirst in deinem Leben noch viele Möglichkeiten haben, diese Fähigkeiten zu lernen. *Warte aber nicht zu lange.* Vielleicht findest du schon diese Woche die Möglichkeit, ein paar Ideen aus diesem Kapitel umzusetzen.

Lebst du in Spannung mit einer anderen Person? Was kannst du tun, um mit dieser Person wieder ins Reine zu kommen und den Konflikt friedlich zu lösen?

Was Alyssa dazu sagt

Menschen in Gemeinden gehen meiner Meinung nach leider besonders schlecht mit Gerüchten und Tratsch um. Das ärgert mich und ich habe schon viel über die Gründe nachgedacht.

Die Idee von Doug, nur dann über etwas zu reden, wenn man entweder Teil der Lösung oder Teil des Problems ist, kann manchmal nach hinten losgehen: Ich denke nämlich manchmal, dass ich zu jedem Problem die Lösung kenne – und dann darf ich ja auch darüber reden.
Manchmal können wir vielleicht tatsächlich ein wenig helfen ein Problem zu lösen, aber häufiger benutze ich diese Gedanken als Ausrede zum Tratschen.

Dougs Vorschläge in diesem Kapitel haben mich ermutigt, damit aufzuhören. Ich muss mich nicht mehr in jede Problemlösung einmischen und helfe so, Gerüchte zu vermeiden.

1

2

3

4

5

6 Leiter übernehmen Verantwortung

7

8

9

6

Leiter übernehmen Verantwortung

Du

Erkenne deine Einzigartigkeit

Hast du schon mal lange an etwas gearbeitet und musstest dann zusehen, wie es zerstört wurde, bevor du es benutzen konntest?

Mir ist das passiert, als ich zwölf Jahre alt war. Ich hatte mir ein sehr schönes Taschenmesser aus Eisstielen und Gummibändern gebaut. Meine Freunde gaben ein paar neidische Kommentare dazu ab. Als sie meine Erfindung sahen, wollten sie allerdings, dass ich ihnen auch eins baue. So nahm ich ihre Bestellungen entgegen. Ich war sehr stolz, dass ich so eine beliebte „Erfindung" gemacht hatte, und konnte es kaum erwarten, sie meinen Eltern vorzuführen.

Ich legte die Konstruktion auf den Küchentisch und dann passierte das Undenkbare: Unser Hund Lucy roch den Zucker, der noch an den Eisstielen klebte, schnappte sich mein Meisterwerk und zerkaute es. Ich war sauer und hasste Lucy.

Einige Tage später ging ich mit Lucy spazieren. Ein Hund tut, was er tun muss, und ich musste lachen, als ich in Lucys Hundehaufen

> Holzsplitter von meinen Eisstielen sah. Vermutlich hatte sie große Schmerzen, als sie mein Taschenmesser verdaute. „Das geschieht dir recht“, dachte ich damals.

Ich stelle mir vor, dass Gott enttäuscht ist, wenn seine Erfindungen nicht so benutzt werden, wie er sie sich gedacht hat. Gott hat dich exakt so gemacht, wie er dich haben wollte. Er hat dich gemacht, damit du ihn liebst, ihn ehrst und ihm dienst, indem du anderen dienst.

Schau dir genau an, wie Gott dich gemacht hat:

- Er hat dir ein einzigartiges Herz (nicht das Organ, sondern deine Leidenschaft und dein Interesse) gegeben. Jeder von uns mag unterschiedliche Dinge. Ich mag Sport, meine Frau nicht. Sie mag dafür Musik – ich nicht.

- Gott hat uns allen verschiedene Fähigkeiten gegeben. Du hast nicht die gleichen Begabungen wie dein bester Freund und umgekehrt.

- Oder denk mal an deinen Charakter. Er ist anders als bei anderen Menschen. Ich habe drei Kinder und alle drei haben einen sehr unterschiedlichen Charakter, obwohl sie die gleichen Eltern haben.

Was will ich dir sagen? Wenn du deine Vorlieben, deine Fähigkeiten und deine Persönlichkeit mit deinen Erfahrungen kombinierst, wirst du sehen: Du bist ein einmaliges Meisterwerk.

Niemand ist wie du! Gott weiß, dass du ein Einzelstück bist, und er will nicht, dass ein anderer Mensch genauso ist wie du.

Wenn du Gottes Fingerabdrücke in deinem Leben entdeckst, findest du heraus, was er mit dir auf dieser Erde geplant hat. Er hat für dich eine Aufgabe, die nur auf deine besondere Kombination aus deinen geistlichen Gaben, deinem Herz, deinen Fähigkeiten, deinem Charakter und deinen Erfahrungen wartet.

Welche Aufgabe kann das sein? Das kann ich dir nicht genau sagen, aber jeder Mensch (besonders jeder jugendliche Leiter und Mitarbeiter) sollte seine Einzigartigkeit entdecken und herausfinden, wie Gott sie nutzen möchte. Wenn du seinen Plan entdeckst, wirst du begeistert sein und das Gefühl bekommen, dass du genau das tust, was Gott will.

So sieht meine Kombination aus:

- Ich bin kein großer Fan von Musik.
- Ich bin noch nicht einmal musikalisch.
- Ich bin extrovertiert.
- Ich habe mein ganzes Leben am Rand von Großstädten gelebt.

Weil ich diese Charakterzüge und Erfahrungen habe, wird mein Dienst niemals darin bestehen können, einer einzigen Person irgendwo auf dem Land das Gitarrespielen beizubringen. Das sollte jemand anderes tun.

Mach dich auf den Weg, um zu entdecken, wie Gott dich gemacht hat und wie diese Einzigartigkeit dich auf deinen Dienst vorbereitet. Ich bin der festen Überzeugung, dass du deinen Platz schon als Jugendlicher finden kannst.

Du bist für eine wichtige Sache geschaffen. Finde heraus, was diese Sache sein könnte, und mach sie zu deiner Aufgabe. So kannst du Gottes Ziel für dein Leben umsetzen.

Vielleicht ist es eine Aufgabe, die du nicht bis zum Ende deines Lebens haben wirst, aber du musst nicht warten, bis du erwachsen bist, sondern kannst Gott und anderen Menschen bereits jetzt dienen.

Die anderen

Lebe ein attraktives Leben

Wenn du deine Einzigartigkeit entdeckst und sie für Gottes Dienst einsetzt, wirst du ein attraktives Leben führen. Andere werden dein Leben als Vorbild nehmen und auch mitmachen wollen. So kannst du andere Jugendliche motivieren, ihre Einzigartigkeit zu entdecken und für Gott zu leben.

Manchmal funktioniert das nicht so gut: Natürlich ist es frustrierend, wenn dein Versuch, andere zum Dienst zu motivieren, fehlschlägt. Diesen Frust kenne ich sehr gut. Deine Bemühungen werden manchmal im Sand verlaufen, weil andere sie abweisen.

Oder du bist dir plötzlich unsicher und hast Angst, Fehler zu machen. Das ist mir auch schon oft passiert. Das Ergebnis war, dass die anderen gar nicht verstanden haben, dass ich sie zur Mitarbeit motivieren wollte.

Oft läuft es aber auch gut: Weil du andere motiviert und ermutigt hast, fangen sie an zu dienen und geistlich zu wachsen. Dadurch wird die Gemeinde stärker und Gott wird sich freuen.

Menschen müssen wissen, dass sie für Gott wichtig sind. Sie müssen lernen, dass sie Gaben haben und dazu berufen sind, Gott auf irgendeine Art und Weise zu dienen. Wenn du deinen Freunden hilfst ihren Dienst zu entdecken, werden sie erleben, dass sie einen Teil zur Arbeit in Gottes Reich beitragen.

Jeder Mensch möchte gerne bedeutungsvoll leben. Niemand will nur Platz auf der Erde verschwenden. Es ist ein tolles Gefühl zu wissen, dass dein Dienst einen Unterschied in dieser Welt macht.

Wenn du andere zum Dienen motivierst, verändert sich ihr Leben in drei Bereichen:

- Sie gehören zu etwas dazu.
- Sie tragen zu etwas bei.
- Und es fühlt sich gut für sie an.

Ein Mensch, der das Gefühl erlebt, zu etwas dazuzugehören, wird eher bereit sein, in die Beziehung mit Gott zu investieren.

Es ist wichtig, zu verstehen, was Menschen denken, wenn du versuchst, sie zur Mitarbeit zu motivieren. Hier sind ein paar Dinge, die ich gelernt habe:

1. Normalerweise haben Menschen sich selbst mehr im Blick als alles andere.
2. Jeder Jugendliche möchte irgendwo dazugehören und gebraucht werden (übrigens gilt das auch für Erwachsene).
3. Wenn sie anderen helfen, entsteht bei den meisten Menschen eine innere Begeisterung. Sie freuen sich, etwas Gutes getan zu haben.
4. Niemand möchte zum Dienen gezwungen oder zur Mitarbeit überredet werden, sondern sich selbst entscheiden.

Lasst uns diese vier Bereiche noch ein wenig genauer anschauen:

1. **Selbstzentriertheit.** Jeder Mensch ist von Natur aus selbstzentriert. Deswegen musst du anderen erklären können, wie sie selbst von ihrem Dienst profitieren können. Jeder ist einzigartig von Gott gemacht und begabt. Überlege dir, was die Person davon haben wird, wenn sie mitarbeitet. Ermutige und lobe – das hat positive Auswirkungen und lenkt den Blick von uns selbst auf andere.

2. **Der Wunsch dazuzugehören.** Die meisten Menschen drängen sich nicht auf, sondern brauchen eine Einladung, um in der Gemeinde mitzuarbeiten. Sie sind wie Obst, das vom Baum gepflückt werden muss. Wenn es zu lange hängt, fällt es irgendwann von alleine ab, verrottet und ist wertlos.

Aber wenn man rechtzeitig pflückt, wird diese Person auf einmalige Weise dienen können. Jeder einsame Mensch, der noch nicht dazugehört, wartet bloß auf eine Einladung.

3. **Wecke Begeisterung.** Wenn jemand beim Thema Dienen keine Begeisterung an den Tag legt, wird er entweder nicht mitmachen oder schlechte Arbeit leisten. Der einfachste Weg herauszufinden, wovon jemand begeistert ist, ist Fragen zu stellen und zuzuhören. Früher oder später wirst du es erfahren, weil er es vor lauter Begeisterung nicht für sich behalten kann.
   Erst wenn du das herausgefunden hast, bist du in der Lage, der Person die Aufgabe zu zeigen, die zu dieser Begeisterung passt. Das ist deine Aufgabe als Leiter und Mitarbeiter. Wenn eine Freundin begeistert Filme dreht, dann stell ihr das Videoteam vor oder hilf ihr, eins zu starten.

4. **Niemand will gedrängt werden.** Das kennst du sicher aus der eigenen Familie: Je mehr deine Eltern dich zu etwas drängen, desto weniger Spaß macht die Aufgabe. Das ist verständlich.
   Niemand lässt sich gerne zu etwas zwingen. Wenn du andere motivieren möchtest, sag niemals: „Würdest du _____________ für mich tun?" „Für mich" kommuniziert unterschwellig, dass du dich höher ansiehst als dein Gegenüber. Außerdem geht es ja nicht darum, was andere für dich tun können, sondern darum, ihnen zu zeigen, wie viel Freude es machen kann, Gott zu dienen.

Mein Ziel ist es, dass jeder Jugendliche erlebt, was es bedeutet, in der Gemeinde mitzuarbeiten. Es ist ein gutes Zeichen, wenn Jugendliche aus einer Jugendgruppe zu Leitern und Mitarbeitern werden.

Es ist nicht nur die Aufgabe des Jugendleiters, diese Jugendlichen zu entdecken, mit ihnen zu reden und einen Platz für sie zu finden. Du kannst ihm dabei helfen. Wenn du gerne mitarbeitest, werden deine Freunde es auch tun. Erzähle ihnen, was du erlebst, welche Möglichkeiten es gibt und wie begeistert du bist, dass dein Dienst etwas in dieser Welt verändert.

[redacted]

Der Rest der Welt

Denke global

Weil du dieses Buch liest, gehe ich davon aus, dass du reicher bist als zwei Drittel der Bevölkerung auf der Erde. Die meisten Menschen werden nie wissen, wie es ist, sich ein Buch oder anderen „Luxus" (der für uns ganz normal ist) leisten zu können. Neben deinem Reichtum kennst du außerdem noch die beste Nachricht dieser Welt: Gottes Liebe für seine Schöpfung. Weil du mehr besitzt als die meisten Menschen auf der Erde, hast du anderen schon jetzt etwas anzubieten –du kannst damit sofort beginnen.

Leiter müssen global denken. Hier sind ein paar Ideen für den Dienst außerhalb der Gemeinde – sie sollen dich nicht einschränken, sondern dir helfen, über den Tellerrand zu schauen:

- **Unterstütze gemeinsam mit anderen Arbeiten für einen guten Zweck.**
  Es gibt viele Organisationen, die weltweite Projekte unterstützen: Hilfsvereine gegen Kinderarmut. Medizin für an AIDS erkrankte Menschen in Afrika. Hilfe bei Nahrungsmitteltransporten usw.

  Deine Jugendarbeit kann sich mit diesen Organisationen zusammentun, um globale Probleme anzupacken. Unsere Jugendgruppe hat sich mit einer ganzen Reihe von Partnern zusammengeschlossen. Wir sammeln gemeinsam mit einer Missionsgesellschaft Geld für arme Kinder. Wir helfen, die Arbeit unter AIDS-Kranken in Afrika zu finanzieren. Und wir suchen Sponsoren, die einer internationalen Hilfsorganisation helfen, Menschen in armen Ländern mit Nahrung zu versorgen.

  Vielleicht unterstützt deine Gemeinde bereits ein Projekt und die Jugendarbeit kann dabei mithelfen. Oder ein Mitglied eurer Gemeinde arbeitet in einem anderen Land und ist auf Unterstützung angewiesen.

  Es gibt viele Möglichkeiten. Alles, was du tun musst, ist, dich zu informieren.

- **Mach das Mitmachen einfach.** Es gibt Jugendliche, die gar nicht bereit sind für eine globale Initiative. Dein Job als jugendlicher Leiter und Mitarbeiter ist es, sie auf kreative Weise mit globalen Projekten in Berührung kommen zu lassen.
  Nicht jeder möchte den Gemeindemissionar in Afrika besuchen, aber viele würden helfen, seine Arbeit von zu Hause aus zu unterstützen – z.B. die Webseite für seine Arbeit zu gestalten. Hilf anderen, sich einzubringen, wenn es um globale Nöte geht.

- **Unterstütze andere.** Viele Gemeinden unterstützen andere Gemeinden, die es nicht so leicht haben. Oft reichen solche Partnerschaften sogar in andere Länder und eine Jugendgruppe besucht die Partnergemeinde im Ausland. Deine Gemeinde kann das auch machen. Entweder alleine oder zusammen mit einer anderen Gemeinde oder Organisation.
  Ich habe mit ein paar Teenagern geredet, die nach Brasilien geflogen sind, um einer Gemeinde vor Ort zu helfen. Sie sind ohne mich (dem Jugendpastor) dort gewesen. Ich war beim ersten Mal mit, aber inzwischen finden diese Einsätze ohne mich statt.
  Jedes Mal, wenn die Jugendlichen wieder nach Hause kommen, steht quer durch ihr Gesicht geschrieben: „Mein Leben hat sich verändert."

- **Erweitere deinen Horizont.** Eine weitere gute Möglichkeit, den eigenen Horizont zu erweitern, sind persönliche Einsätze. Nimm dir Zeit und lerne andere Kulturen kennen, hilf im Rahmen eines Freiwilligen Sozialen Jahres bei einer Organisation mit oder absolviere ein Praktikum. Es wird sich lohnen.

Solltet ihr mit solchen Projekten keine Erfahrung haben, sucht euch Hilfe bei anderen Gemeinden.

Dieses Kapitel ist nicht dazu gedacht, dir Schuldgefühle zu machen, damit du alles verkaufst und das Geld nach Afrika schickst. Vielmehr wünsche ich mir, dass du anfängst, groß zu denken – und ich meine wirklich groß!

Viel zu groß!

Das klingt vielleicht außergewöhnlich, aber ich rede von Ideen, die so groß sind, dass es unmöglich ist, sie ohne Gottes Hilfe umzusetzen. Lass nicht zu, dass irgendetwas die Möglichkeiten einschränkt, die Gott dir in deinem Leben und in deinem Dienst geben will.

Wenn du anfängst, groß zu träumen, denke an diese Worte von Jesus:

Jesus sah sie an und sagte: „Bei den Menschen ist das unmöglich, aber nicht bei Gott; für Gott ist alles möglich."
Markus 10,27 (NGÜ)

Öffne deine Augen für die Nöte in dieser Welt und fang an, global zu denken.

Global fängt klein an

Zeige Interesse für andere

Am Ende des Kapitels möchte ich dir noch eine einfache Idee vorstellen, die der erste Schritt sein kann, um deine Gedanken für den Rest der Welt zu öffnen. Jeder kann dabei mitmachen, ohne andere Aufgaben zu vernachlässigen. Du musst noch nicht mal groß denken, sondern eher klein:

Verschicke Postkarten oder rufe andere Menschen an.

Jeder bekommt gerne persönliche Post und ist dankbar für ein ehrliches „Wie geht es dir?" Du kannst dir nicht vorstellen, wie sehr sich Menschen darüber freuen, wenn du dir Zeit für einen Anruf nimmst oder eine Postkarte schickst.

Als jugendlicher Leiter und Mitarbeiter ist es sehr wichtig, Kontakte zu anderen Jugendlichen in der Jugendarbeit zu knüpfen.

Ich weiß, dass diese Idee sehr einfach ist, und trotzdem ist der Jugendleiter oft der einzige, der Teilnehmer einer Veranstaltung persönlich kontaktiert. Aber mal ehrlich – es reißt niemanden vom Hocker, wenn der Jugendleiter oder Jugendpastor anruft oder einen Brief schreibt (viele von uns sind schon fast so alt wie deine Eltern). Über den Anruf oder eine Karte von einem gleichaltrigen Jugendlichen freut man sich oft viel mehr.

Deswegen: Selbst wenn du bereits eine andere Aufgabe in der Gemeinde hast, ermutige ich dich, so ein „FollowUp" anzufangen. „FollowUp" bedeutet, neue Leute anzusprechen, Jugendliche, die länger nicht da waren, anzurufen und Teilnehmern zu zeigen, dass sie dir nicht egal sind und du dich für sie interessierst.

Andere anzusprechen drückt Interesse aus. Die Methode spielt dabei keine große Rolle.

> Wichtig ist der persönliche Kontakt. Je persönlicher der Kontakt, desto größer die Wirkung bei anderen. Schreib bitte nicht: „Unseren Aufzeichnungen zufolge warst du letzten Sonntag nicht beim Jugendgottesdienst."
>
> Versuche stattdessen deinen Brief oder Anruf individuell zu gestalten:
> „Hi Tina, ich hab dich länger nicht gesehen. Ich wollte einfach mal nachfragen, ob alles in Ordnung ist und ob es etwas gibt, wofür ich beten kann."
>
> Du kannst dir auch einen Grund für deinen Anruf suchen:
> „Ich rufe dich an, weil ich dir sagen wollte, dass man sich seit dieser Woche für die Freizeit anmelden kann. Mir war wichtig, dass du das weißt. Und ich wollte dich auch noch fragen, wie es dir eigentlich sonst so geht."

Solche persönlichen Kontakte können einen riesigen Unterschied machen. Sich außerhalb der Veranstaltungen um andere zu kümmern, ist unheimlich wertvoll.

[redacted]

Viele Jugendliche sind innerlich verletzt, fühlen sich unwichtig und zweifeln an sich selbst. Diese Gefühle können minimiert oder sogar weggenommen werden, wenn du auf sie zugehst und einen persönlichen Kontakt knüpfst.

Vielleicht wirst du nie erfahren, wie sehr du einer Person geholfen hast, aber du kannst sicher sein, dass dein Einsatz nicht vergessen wird.

Zusammenfassung

Und eine Herausforderung

Wenn du in meiner Gemeinde wärst, würde ich mich freuen, wenn du einer der jugendlichen Leiter oder Mitarbeiter sein könntest. Aber es würde mir nicht reichen, dich nur so zu nennen, sondern ich möchte, dass du Verantwortung für irgendeine Aufgabe übernimmst.

Du kannst Leute begrüßen, in der Band spielen, im Kindergottesdienst mithelfen oder eine Gebetsgruppe an deiner Schule starten. Du kannst die Webseite der Gemeinde verwalten oder Kindern zeigen, wie sie sich selber taufen. (Nein, lieber nicht.)

Es wäre mir nicht so wichtig, wo genau du mitarbeitest, solange deine Motivation stimmt. Ich wünsche mir, dass hinter deiner Mitarbeit der Wunsch steckt, Gott zu dienen. Mit deinem Herz, deinen Gaben, deinen Erfahrungen und deiner Persönlichkeit. Und ich wünsche mir, dass du die großen und kleinen Nöte dieser Welt siehst.

Wenn du das Herz und die Augen eines Dieners entwickelst, wirst du effektiv in Gottes Reich arbeiten.

Ich fordere dich heraus, so bald wie möglich Verantwortung zu übernehmen. Wenn du das bereits tust, fang an, deine Freunde für Mitarbeit zu begeistern.

Wenn du dienst, wirst du nie wieder derselbe sein.

Was Alyssa dazu sagt

Ich bin diesen Sommer nach Brasilien geflogen. Das hat mein Leben komplett verändert. Meine Vorstellung von Gemeinde, Gott, Dienst, Freude, Frieden und vielen anderen Dingen wurde komplett durcheinandergeworfen.
Gott hat mir gezeigt, dass ich all diese Dinge immer nur durch meine eigenen Augen gesehen habe. Es war so, als wären sie in einem kleinen Kasten eingesperrt, von dem nun der Deckel abgenommen wurde. Gott hat meine Ideen durch ein viel größeres Bild ersetzt, von dem ich immer noch nicht alles sehe.

Als Leiter dürfen wir uns nicht von der Gemeinde, dem Leiten und der Mitarbeit so gefangen nehmen lassen, dass wir vergessen, wie groß Gott ist. Stattdessen sollen unsere Gebete und unser Blick über den Tellerrand hinaus uns daran erinnern, dass Gott größer ist als wir manchmal annehmen.

[redacted]

1

2

3

4

5

6

7 Leiter halten ihre Familie im Blick

8

9

7

Leiter halten ihre Familie im Blick

Ich liebe es, mit den Eltern meiner Jugendlichen zu sprechen und davon zu schwärmen, was ihre Kinder alles tun. Eltern sollen einen gesunden Stolz entwickeln und sich freuen, dass ihre Kinder in der Jugendarbeit mitmachen und geistlich wachsen.

> Allerdings sind Eltern oft überrascht, so gute Dinge über ihre Kinder zu hören: „Bist du sicher, dass wir über mein Kind reden oder verwechselst du es mit einem anderen?"

Diese Reaktion zeigt mir, dass viele Jugendliche eine Art Doppelleben führen. Sie verhalten sich zu Hause anders als bei Veranstaltungen in der Gemeinde.

Es ist erschreckend, zu erfahren, dass einige Jugendliche in der Gemeinde „Superstars" sind, aber zu Hause respektlos mit ihrer Familie umgehen. Ist es nicht seltsam, dass jemand hilfsbereit und mitfühlend sein kann, aber vollkommen anders handelt, sobald er außerhalb von Gemeindeveranstaltungen ist?

Mir ist klar, dass jeder Jugendliche seinen Eltern schon mal Probleme bereitet, aber ich hoffe, dass meine jugendlichen Leiter ihr Familienleben genauso gesund leben wie ihr Gemeindeleben.

Stell dir mal vor, deine Eltern würden den Jugendpastor anrufen und ihm erzählen, wie begeistert sie von deinem Verhalten in der Familie sind. Das wäre eine tolle Abwechslung. In diesem Kapitel geht es darum, diese Vorstellung Wirklichkeit werden zu lassen.

Von unten nach oben

Beeinflusse deine Familie positiv

Ich will dir ein Prinzip vorstellen, das man *Einfluss nach oben* nennen kann. Es beschreibt, was passieren kann, wenn jemand vermeintlich Schwächeres einen vermeintlich Stärkeren beeinflusst.

> Zum Beispiel: Die Aushilfskraft einer Fast-Food-Kette (keine besonders machtvolle Position) kann ihren Vorgesetzten (der schon etwas mehr Macht hat) von unten nach oben beeinflussen: Sie leistet gute Arbeit und verbreitet durch ihre Einstellung eine positive Stimmung. Einfluss nach oben hat dann stattgefunden, wenn diese Stimmung sich auf den Schichtleiter überträgt und sich seine Laune verbessert.

Einfluss nach oben kann deine Familie langfristig verändern. Wenn du dein Verhalten zu Hause veränderst, wird deine Familie sich ebenfalls verändern. Allerdings kann das nicht über Nacht passieren, weil deine Familie dich und deinen Charakter schon lange kennt. Wenn du ihre Wahrnehmung von dir positiv verändern möchtest, wird das etwas Zeit in Anspruch nehmen.

> Würde ich beispielsweise heute nach Hause kommen und meiner Familie ankündigen, dass ich nun Cowboy werde, würde ich ausgelacht werden.
> Sie würden meine Ankündigung nicht ernst nehmen, weil ich überhaupt kein Cowboy-Typ bin. Ich mag keine Countrymusik, habe Angst vorm Reiten, kann den Geruch von Kühen kaum ertragen und bei meinem letzten Besuch auf einer Farm haben mich meine Allergien fast ins Krankenhaus gebracht. Außerdem wurde ich von einer Ziege verfolgt.

Mit diesen Hintergrundinformationen kannst du verstehen, warum meine Familie über meine Idee lachen würde. Und du kannst dir sicher vorstellen, dass es wahrscheinlich sehr lange dauern würde, bis meine Familie von meinem Vorhaben überzeugt ist. Ich müsste ihnen über einen längeren Zeitraum durch mein Verhalten beweisen, dass ich es ernst meine.

In einem der letzten Kapitel habe ich dich herausgefordert, in der Gemeinde zu dienen. Nun fordere ich dich heraus, auch zu Hause zu dienen. Mach dein Familienleben zu einer Priorität. Dadurch wirst du deine Familie sehr positiv beeinflussen.

Wenn deine Familie sieht, dass du dich veränderst, ist es sehr wahrscheinlich, dass du deine Familie mit dem „Von-unten-nach-oben-Prinzip" verändern wirst.

Vielleicht werden andere Familienmitglieder motiviert, sich ebenfalls zu verändern. Ich habe so etwas schon in sehr angespannten Familienverhältnissen erlebt. Eine kleine Veränderung im Verhalten des Sohnes hat für Frieden zu Hause gesorgt.

Ich habe erlebt, dass ungläubige Eltern anfingen, Jesus nachzufolgen, weil sie die Veränderungen im Leben ihrer Kinder sehen konnten. Sie wollten herausfinden, was die Ursache dieser Veränderungen ist.

Es ist schwierig, sein Verhalten in der Familie zu ändern. Das liegt daran, dass dein Zuhause der einzige Ort ist, an dem jeder deine Fehler und Macken ganz genau kennt. Eine einfache Meinungsverschiedenheit mit deinen Eltern oder Geschwistern kann zu einer verletzenden Bemerkung führen: „Ich wusste es doch. Du hast dich gar nicht verändert. Dieser Kirchenkram funktioniert überhaupt nicht. Du bist immer noch unreif und egoistisch!"

Das ist eine von vielen Schwierigkeiten im Leben, für die jeder Leiter Durchhaltevermögen braucht. Dein Verhalten zu Hause zu ändern wird nicht einfach sein. Du wirst dafür beten müssen und es wird lange dauern, bis man Veränderung sieht.

Wenn du Jesus nachfolgst und ihm als Leiter oder Mitarbeiter dienst, wirst du beobachtet. Viele Menschen werden genau hinschauen, wie du dich deinen Eltern und Geschwistern gegenüber verhältst. Die, die dich am genausten beobachten, kommen aus deiner eigenen Familie.

Setz dir zum Ziel, zu Hause die gleiche Person zu sein, die du auch in der Gemeinde bist. Von dieser Beständigkeit wird deine Familie lange etwas haben.

Ja oder Nein

Mach das Beste aus deiner Zeit

Jemand hat mir einmal diesen guten Rat gegeben: „Wenn du willst, dass etwas schnell erledigt wird, beauftrage eine viel beschäftigte Person damit." Ich weiß genau, warum das funktioniert: Menschen, die viel beschäftigt sind, schaffen auch viel. Sie haben nicht nur zufällig viel zu tun. Sie sind effektiv und du kannst dich darauf verlassen, dass sie Ergebnisse produzieren.

Aber weil sie so viel zu tun haben, kann ihr Leben schnell aus dem Gleichgewicht geraten. Viele jugendliche Leiter und Mitarbeiter gehören in diese Hochleistungskategorie. Sie schaffen viel – aber leider gerät ihr Leben auch schnell ins Ungleichgewicht.

Als junger Leiter ist es wichtig, Folgendes zu lernen: Wenn du „Ja" zu etwas sagst, sagst du gleichzeitig „Nein" zu einer anderen Sache.

> Zum Beispiel: Dein Kalender ist voll mit Terminen, die du in der Woche wahrnehmen willst. Ein Freund lädt dich ein, dich für das Schulorchester anzumelden, um dort Geige zu spielen. Wenn du „Ja" zum Orchester sagst, sagst du gleichzeitig „Nein" zu anderen Möglichkeiten.

Deine Zeit ist begrenzt. Dein Tag verlängert sich nicht, damit du alle Termine unterbringen kannst. Du musst lernen „Nein" zu sagen, sonst wirst du eine Menge Termine und zu wenig freie Zeit haben.

Wenn du dir zu viel vornimmst, sagst du „Nein“ zu deiner Familie, „Nein“ zu dem nötigen Schlaf und „Nein“ zu deiner Zeit mit Gott.

Deine zeitlichen Grenzen sind kein Versehen von Gott, sondern volle Absicht: Du bist nicht dazu geschaffen, alles selbst zu erledigen. Er wollte, dass du von anderen abhängig bist. Wenn du lernst, das Beste aus deiner Zeit zu machen, wirst du lernen, ohne Schuldgefühle „Nein“ zu sagen.

> Eine kleine Randnotiz: Dein Leben kann auch ohne zu viele Termine ins Ungleichgewicht geraten. Vielleicht bist du zu sehr mit dir selbst beschäftigt. Wenn du die meiste Zeit in deinem Leben damit verbringst, dich um deine eigenen Bedürfnisse zu kümmern, solltest du deine Blickrichtung ändern: Finde Möglichkeiten, anderen Menschen zu helfen, zu Hause, in der Gemeinde oder in deiner Schule.

Einige der unglücklichsten Jugendlichen sind die, die den ganzen Tag auf ihrer Couch rumgammeln. Sie sind oft gelangweilt und leben in ständiger Spannung mit anderen Menschen – besonders mit ihren Eltern. Wenn das in deinem Leben so ist, dann fang schnell an, deine trüben Aussichten aufs Leben zu ändern. Suche dir Alternativen zu Couch, Fernseher und Computerspielen, damit du konstruktiv mit der Zeit umgehen kannst, die Gott dir gegeben hat.

Egal, ob du vollkommen gestresst oder völlig unterfordert mit deinem Leben bist: Ich hoffe, dass du es ins Gleichgewicht bringen kannst, um das Beste aus deiner Zeit zu machen.

Du wirst erstaunt sein, was Gott mit einer kleinen Lücke in deinem Terminkalender anstellen kann.

Auch deine Familie wird sich darüber freuen und dir dankbar sein.

Unterschiedliche Ansichten

Gehorche deinen Eltern

Die Bibel sagt:

Ihr Kinder, gehorcht euren Eltern! So möchte es der Herr, dem ihr gehört; so ist es gut und richtig.
Epheser 6,1 (NGÜ)

Gehorsam ist einer der effektivsten Wege, deine Eltern „von unten nach oben" zu beeinflussen. Wenn du dich mit deinen Eltern anlegst und gegen sie rebellierst, bist du nicht nur Gott gegenüber ungehorsam, sondern machst es deinen Eltern schwer, auf dich einzugehen, mit dir zu reden und ihre Meinung zu ändern.

> Tobi hat so etwas erlebt: Er wollte gerne am Wochenende mit seinen Freunden auf ein Konzert. Seine Mutter war einverstanden, aber der Vater konnte dieser Idee nicht zustimmen. Die beiden haben ihre Argumente ausgetauscht und Tobi hat hart mit ihm diskutiert, aber sein Vater blieb bei seiner Meinung. Ohne zu rebellieren oder beleidigt zu sein, nahm Tobi die Entscheidung seines Vaters hin und machte andere Pläne fürs Wochenende. Er war seinen Eltern gegenüber gehorsam, obwohl er enttäuscht war und selbst auch gute Argumente hatte. Zu seiner Überraschung änderte sein Vater ein paar Tage später seine Meinung, und Tobi durfte nun doch mit zu dem Konzert fahren. Ich bin mir sicher, das wäre nicht passiert, wenn Tobi nicht gehorsam gewesen wäre.

Ich kann euch viele Beispiele nennen, in denen Jugendliche auf ihrer Meinung bestanden haben und am Ende leer ausgingen. Sicherlich hast du das auch schon erlebt. Ich habe dir die Geschichte von Tobi erzählt, weil viele Menschen das biblische Prinzip des Gehorsams nicht verstehen: Gehorsam wird das Miteinander in deiner Familie deutlich verbessern – selbst wenn du nicht immer das bekommen wirst, was du dir wünschst.

Übrigens gibt es meiner Meinung nach eine Ausnahme für Gehorsam: Du musst deinen Eltern nicht gehorchen, wenn sie dich bitten, etwas gegen Gottes Willen zu tun oder zu sündigen.
In allen anderen Situationen wird dein Gehorsam dazu beitragen, dass du von deinen Eltern mehr respektiert wirst, deine Familie gestärkt und Gott geehrt wird.

Kommunizieren statt informieren

Ergreife die Initiative für dein Leben

Erinnerst du dich, als du als Kind im Auto deiner Eltern mitgefahren bist, ohne zu wissen, wohin es geht? Du wurdest in deinen Kindersitz gesetzt, festgeschnallt und bist einfach mitgefahren. Egal wo du warst, Menschen haben dich auf den Arm genommen, von einer Person zur anderen gereicht und ständig hat jemand anders deine vollen Windeln gewechselt... Na gut, wahrscheinlich reicht deine Erinnerung nicht so weit zurück.
Als du klein warst, konntest du nicht für dich selber sorgen und warst darauf angewiesen, dass jemand anderes deine Grundbedürfnisse stillt. Aber du bist älter geworden und irgendwann wirst du erwachsen sein.

Traurigerweise kenne ich eine ganze Reihe von Jugendlichen, die immer noch so auf ihre Eltern angewiesen sind, als wären sie ein Kleinkind. Sie erwarten, dass ihre Eltern ihren Terminplan kennen, sie überall hinfahren, alles regeln, worüber sie sich beschweren, und sich um jedes noch so kleine Bedürfnis ihres Lebens kümmern. Wenn du so ein Jugendlicher bist (was ich natürlich nicht hoffe), bin ich mir sicher, dass dein Verhalten Spannungen zwischen dir und deinen Eltern erzeugt.

Patrik war früher in meiner Jugendgruppe. Er hat genau das erlebt. Als er etwa 17 Jahre alt war, fing seine Mutter in einer Auseinandersetzung mit ihm plötzlich an zu weinen. Das Problem war seine Anmeldung zur Sommerfreizeit. Er brachte das Formular wenige Tage

vor Anmeldeschluss mit nach Hause und bat sie, es auszufüllen und sofort zum Gemeindebüro zu bringen.
Seine Mutter versuchte ihm zu erklären, dass sie dazu keine Zeit hat, und sie fingen an zu streiten. In dieser Situation wurde Patrik schlagartig bewusst, dass seine Mutter enttäuscht darüber war, dass er ihre Hilfe als selbstverständlich ansah. Er hatte mit seiner Anmeldung bis zur letzten Minute gewartet, weil er dachte, sie würde das schon regeln.

Du kannst deinen Eltern das Leben einfacher machen, wenn du einige der folgenden Vorschläge in die Tat umsetzt:

1. Höre bei allen Ansagen in deiner Jugendgruppe, im Sportverein und in der Schule gut zu. Geh nicht davon aus, dass deine Eltern über alles Bescheid wissen.

2. Informiere deine Eltern über alle wichtigen Veranstaltungen (Geburtstagsfeiern, Events, Klassenfahrten, Ausflüge, Freizeiten etc.).

3. Erzähle deinen Eltern, welche Veranstaltungen du gerne besuchen würdest, und notiere sie im Familienkalender.

4. Informiere deine Eltern rechtzeitig, wenn du Hilfe brauchst. Zum Beispiel Anmeldeformulare unterschreiben, Geld bezahlen usw. (Nicht: „Du Papa, ich brauche heute ganz dringend Geld für die Klassenfahrt.“)

5. Lass dich nicht von vorne bis hinten bedienen. Erinnere deine Eltern regelmäßig an deinen Terminplan und unterstütze sie, wo du kannst (fülle selbst Formulare aus, organisiere Mitfahrgelegenheiten etc.).

6. Kommunizieren statt informieren: Bleib mit deinen Eltern im Gespräch.

7. Sprich in einem angemessenen Tonfall mit deinen Eltern – besonders in Konfliktsituationen.

8. Erkenne die Wertschätzung und Fürsorge deiner Eltern an.

Als Leiter musst du selbst Initiative für dein Leben ergreifen und dich nicht darauf verlassen, dass deine Eltern alles für dich regeln. Du wirst damit den Stresspegel deiner Eltern senken und deine Beziehung zu ihnen verbessern. Außerdem wirst du deinen Eltern zeigen, dass du Verantwortung übernehmen kannst und vertrauenswürdig bist. Das kann ein sehr großer Vorteil für dich sein: Viele Eltern geben ihren Kindern oft mehr Freiheit, wenn sie sehen, dass man ihnen vertrauen kann. Um mehr Vertrauen von deinen Eltern zu gewinnen, musst du kommunizieren statt informieren.

Nicht so viel Geld

Lieg deinen Eltern nicht unnötig auf der Tasche

Kostenpflichtige Veranstaltungen der Jugendarbeit können das Finanzbudget deiner Familie belasten.

Viele Familien müssen sich gut überlegen, wie das vorhandene Geld ausgegeben werden soll. Es ist nicht ungewöhnlich, dass Ehen geschieden werden, weil man sich nicht über den Umgang mit Geld einigen kann. Keine Angst: Deine Eltern werden sich nicht scheiden lassen, weil du sie regelmäßig um Geld bittest. Ich will nur sagen, dass Geld in den meisten Familien eine wichtige Rolle spielt.

Als jugendlicher Leiter oder Mitarbeiter kannst du dich dafür einsetzen, dass Veranstaltungen in der Jugendarbeit wenig oder gar nichts kosten. Hilf deinem Team, darüber nachzudenken, wie die Kosten für ein Event gesenkt werden können. Spaß muss nicht teuer sein. Mit guten Freunden rumhängen kann mehr Spaß machen als eine teure Aktion.

Als wir von unserer Sommerfreizeit wiederkamen, habe ich meine Tochter gefragt, was ihr am besten gefallen hat:

„Die Zeit mit meinen Freundinnen fand ich am besten."

Ich dachte: „Das ist alles? Nicht die tollen Predigten, das Klettern, der See vor der Tür, die Spiele, die süßen Jungs? – Nein! Rumhängen mit Freunden."

Ich hätte viel Geld sparen können, wenn ich ihre Freundinnen dafür bezahlt hätte, bei uns zu Hause abzuhängen. Das wäre viel billiger gewesen, als ihr die Freizeit zu bezahlen. Spaß muss nicht immer Geld kosten.

An teuren Events können etliche Jugendliche nicht teilnehmen, oder ihre Familien müssen echte Opfer bringen, um sie finanzieren zu können. Deine Jugendarbeit wird familienfreundlicher, wenn du hilfst, die Frage nach den Kosten gut zu durchdenken.

Übrigens: Vergiss nicht, deinen Eltern regelmäßig für ihre finanzielle Unterstützung zu danken.

Eine Überraschung

Diene deiner Familie

Ich bin mir sicher, dass du deine Familie schon einmal richtig schockiert hast. Aber ist deine Familie ab und zu auch positiv überrascht von dir? Das passiert meistens, wenn du dienst – und dazu will ich dich herausfordern: Diene deiner Familie.

Leiterschaft bedeutet nicht nur, Menschen zu dienen, mit denen du nicht verwandt bist, sondern bezieht sich auch auf deine Familie. Dein dienendes Herz sollte auch zu Hause sichtbar sein.

Du dienst, wenn du Aufgaben im Haushalt erledigst, ohne darum gebeten zu werden, und die Bedürfnisse deiner Familienmitglieder höher achtest als deine eigenen.

> Wenn deine Eltern besonders viele Termine in einer Woche haben und du zu Hause aufräumst, hast du einen hervorragenden Weg gefunden, ihnen zu dienen und ihren Stress zu verringern (achte aber darauf, dass du keine wichtigen Dokumente in den Müll wirfst). Rasen mähen, das Treppenhaus wischen, die Einfahrt fegen, Wäsche falten oder andere Aufgaben deiner Eltern erledigen usw. – all das bedeutet, ihnen zu dienen.
>
> Vielleicht liest du das und denkst: „Genau das tue ich, aber meine Eltern beschweren sich trotzdem noch."
>
> Mein Vorschlag, um das zu ändern: Erledige eine dieser Aufgaben, ohne dass sie dich darum bitten. Und frag hin und wieder, ob es noch andere Aufgaben gibt, die du erledigen kannst (bevor du diese Frage stellst, solltest du einen Erste-Hilfe-Kurs besuchen – es könnte nämlich passieren, dass deinen Eltern das Herz stehen bleibt).

Am Anfang dieses Kapitels habe ich über „Einfluss von unten nach oben" geredet. Genau das findet statt, wenn du deiner Familie dienst. Du wirst einen positiven Einfluss auf sie haben, wenn du deine Aufgaben (die du ohnehin tun sollst) gut gelaunt erledigst, ohne darum gebeten zu werden.

Es braucht eine lange Zeit, bis deine Familie die Veränderung deines Charakters sehen kann. Sie werden dir nicht sofort glauben können (erinnerst du dich an das Cowboy-Beispiel?), sondern müssen erst Vertrauen aufbauen. Mit einer positiven Einstellung kannst du ihnen dabei helfen.

Wenn du eine gesunde Familie erleben möchtest, brauchst du ein dienendes Herz für deine Familie. Das ist kein einfacher Weg, aber das Ergebnis ist es wert, ihn zu gehen.

[redacted]

Andere Familien

Finde Vorbilder

Es gibt Jugendliche, die jetzt denken: „Ich wünschte, ich hätte überhaupt eine Familie" oder „Ich hätte gerne ein gutes Zuhause." Einige werden sagen: „Bei mir ist alles ganz anders: Ich habe nur noch einen Elternteil, ich fühle mich gar nicht geliebt."

Leider ist es so, dass nicht alle Teenager in einer Familie aufwachsen, in der sie geliebt, unterstützt und ermutigt werden. Sie erleben keine Sicherheit. Das tut mir sehr leid und es macht mich traurig.

Allerdings bin ich mir sicher, dass es in deiner Gemeinde gute Familien gibt, von denen du lernen kannst. Es wird dir und deiner zukünftigen Ehe sehr helfen, wenn du eine solche Familie findest und sie dir zum Vorbild nimmst. Warte nicht auf eine perfekte Familie (die gibt es nicht), aber finde eine gute und schau dir viel von ihr ab.

> Obwohl ich in einer stabilen Familie aufgewachsen bin, profitierte ich sehr von meiner Freundschaft zu einer anderen guten Familie. Ich habe die Robinsons schon immer bewundert. Die Eltern liebten sich und haben sich sehr um ihre Kinder und deren Freunde gekümmert. Ich war einer dieser Freunde. Als ich ungefähr 13 Jahre alt war, wurde Jimmy Robinson mein bester Freund. Seine Eltern erlaubten mir oft, in ihrem Haus zu sein, zu übernachten und an Familienfeiern teilzunehmen. Für mich war es eine tolle Erfahrung, eine andere Familie zu erleben und zu spüren, wie sie sich um mich kümmerten. Die Robinsons kommen selbst heute noch vorbei und unterstützen mich, wenn ich in meiner Gemeinde eine Predigt halte. Es war sehr gut für mich, eine weitere Familie zu kennen, in der ich gesundes Familienleben erleben durfte.

Vielleicht fällt dir schon beim Lesen eine Familie ein, die für dich zum Vorbild werden kann. Wenn nicht, kannst du konkret nach einer suchen.

Du kannst sogar eine Familie darauf ansprechen: „Conny und Pauli, ich bin sehr gerne bei euch. Danke, dass ich immer vorbeikommen kann. Ich lerne sehr viel von euch." Das wird nicht nur eine große Ermutigung für diese Familie sein, sondern sie werden dich auch anders sehen.

> Die Cervoni-Kinder sind beispielsweise sehr oft bei uns zu Hause. Wenn Michael Cervoni sagen würde: „Doug! Ich wollte dir schon immer mal sagen, dass ich deine Familie sehr bewundere und von dir und Cathy sehr viel über Ehe, Eltern sein und das Leben an sich lerne", wäre ich begeistert und würde mich sehr geehrt fühlen. Und ich würde nach Möglichkeiten suchen, ihn noch mehr in unsere Familie zu integrieren.

Alle brauchen Vorbilder. Und weil das Familienleben so wichtig für unsere Gesundheit und Zukunft ist, ist es weise, sich eine gute Vorbildfamilie zu suchen. Sie wird dein Leben und dein Leiter-Sein bereichern. Ich bin sicher, du wirst einmal dafür dankbar sein.

Zusammenfassung

Und eine Herausforderung

Ich weiß, dass es sehr schwer ist, in der Familie als Nachfolger von Jesus zu leben (besonders wenn du als einziger in deiner Familie Jesus nachfolgen möchtest). Noch schwieriger wird es, wenn du dich viel in der Gemeinde einbringst. Es bedeutet nämlich, dass deine Familie nur die Reste deiner Zeit bekommt. Lass es nicht zu, dass deine Mitarbeit in der Gemeinde wichtiger wird als deine Familie. Du wirst nicht mehr lange zu Hause wohnen, also mach das Beste daraus. Ehre Gott, indem du deine Familie ehrst.

Herausforderung: Schreib einen Brief an deine Eltern und bedanke dich für etwas. Drück deine Liebe zu ihnen aus. Zeig ihnen, dass du deine Beziehung zu ihnen verbessern möchtest (auch wenn sie schon gut ist). Ich kann dir garantieren, dass deine Eltern deinen Brief aufbewahren werden und ihn wie einen Schatz behandeln – so sehr lieben sie dich!

Was Alyssa dazu sagt

Ich habe eine unglaublich gute Familie. Aber das heißt nicht, dass es einfach ist, zu Hause ein Leiter zu sein. Wenn ich nach Hause komme, bin ich müde und habe schlicht und ergreifend keine Lust mehr zu dienen. Ich denke dann immer: „Ich bin zu Hause. Hier muss ich nicht mehr dienen, sondern andere können mir dienen."

Dieses Kapitel hat mich aufgerüttelt und mir ins Gedächtnis gerufen, dass ich kein guter Leiter sein kann, solange ich nicht auch meiner Familie diene. Je mehr ich darüber nachdenke, desto mehr erkenne ich, wie wichtig mein Dienst zu Hause ist – nicht nur für meine Familie, sondern auch für meine geistliche Gesundheit.

[redacted]

1

2

3

4

5

6

7

8 Leiter nutzen alltägliche Gelegenheiten

9

8

Leiter nutzen alltägliche Gelegenheiten

Schulen gehören nur bedingt zum Einflussbereich von Gemeinden und Kirchen. Es gibt Gesetze, die die Möglichkeit, an Schulen von Gott zu erzählen, einschränken. Aber es geht gar nicht darum, von Gott zu reden, sondern zu Gott. Du wirst diese Gesetze wahrscheinlich nicht ändern können und brauchst es auch gar nicht versuchen. Aber trotzdem kannst du auch an der Schule jederzeit mit Gott in Kontakt bleiben.

Ein heiliger Ort

Bete für deine Schule

Ich bitte unsere jugendlichen Leiter, regelmäßig für ihre Schulen zu beten. Sie sollen sich selbstverständlich nicht auf den Schulhof stellen und möglichst laut beten, damit sie religiös aussehen. Stattdessen fordere ich sie auf, Gott zu bitten, ihr Herz für die Bedürfnisse ihrer Mitschüler und Lehrer zu öffnen.

Ich bitte sie für Schulveranstaltungen zu beten und dafür, dass andere Christen ebenfalls einen guten Einfluss auf ihre Schule nehmen. Mein Ziel ist es, dass du dich zum Beten herausfordern lässt.

Es ist schön, wenn jugendliche Leiter ihre Mitschüler mit der guten Nachricht von Gottes Liebe erreichen wollen und von seinem Wunsch nach einer Beziehung mit uns erzählen – aber ich will nicht, dass sie religiöse Fanatiker werden.

> Ich suche nach Jugendlichen, die durch ihre Schule gehen und ehrlich sagen können: „Ich bete jeden Tag für die Schüler, die Lehrer, die Sekretärin und den Hausmeister. Ich bitte Gott, dass er mich benutzt, um seine Liebe in meiner Schule zu zeigen."

Diese „Leidenschaft" zum Beten zeigt, wie großartig Gott ist. Wieso? Weil Gebet einen Unterschied im Leben von Menschen macht. Gebet wird deine Einstellung zu anderen ändern. Ich spreche von dem Lehrer, den du nicht leiden kannst, dem Klassenkameraden, der dich wahnsinnig macht, oder dem Atheisten, der sich über deinen Glauben lustig macht.

Gebet verändert auch das Bild, das andere von dir haben. Wenn du regelmäßig betest, wird dein Leben die Art von Frieden und Freude widerspiegeln, die du nur bekommst, wenn du Zeit mit Gott verbringst.

An einigen Schulen gibt es Schülerbibelkreise, in denen sich die Christen einer Schule einmal in der Woche treffen, um gemeinsam zu beten. Oft ist das eine gute Möglichkeit, andere Christen zu treffen und mit ihnen zu reden. Falls es an deiner Schule einen gibt, schau ihn dir mal an.

> Aber du solltest nicht nur einmal in der Woche für deine Schule beten. Wie wäre es, wenn du jeden Tag für die Menschen betest, die du in der Schule triffst?
> Das bedeutet nicht, große Gebetsaktionen zu organisieren, dem Hausmeister die Hand aufzulegen oder Dämonen aus dem Biologieraum auszutreiben. Es bedeutet, dass du deine Schule als einen Ort siehst, an den Gott dich gestellt hat, um einen Auftrag zu erfüllen. Bete für den Schulleiter, die Lehrer und Schüler und dafür, dass dein Einfluss als Leiter auf andere wächst, damit sie durch dein Vorbild Jesus erkennen können.

Würdest du gerne eine große Erweckung an deiner Schule erleben? Erweckungen beginnen immer mit hingegebenen Gläubigen, die treu beten. Nimm dir vor, für deine Schule zu beten, und beobachte, wie Gott dein Herz und deine Schule durch den Heiligen Geist verändert. Wenn nicht die Schüler (besonders die, die auch in ihren Gemeinden schon mitarbeiten oder Leitungsverantwortung übernehmen) für ihre Schulen beten, wer tut es dann?

Gemeinsam bist du nicht alleine

Finde andere Christen

Tausche dich regelmäßig mit anderen Christen an deiner Schule aus. In der Apostelgeschichte wird beschrieben, was passieren kann, wenn Christen sich treffen: Sie helfen sich gegenseitig, sorgen füreinander und beten Gott gemeinsam an. Für jemanden, der Jesus nachfolgt, ist es wichtig, Teil einer solchen Gemeinschaft zu sein.

Wenn du keine christlichen Freunde an deiner Schule hast, such dir welche. Dabei ist es nicht wichtig, ob sie aus der gleichen Gemeinde kommen wie du. Du solltest andere Gemeinden nicht als Feind ansehen. Finde Schüler, die genau wie du ihr bestes Leben mit Jesus leben wollen, und lerne sie kennen. Trefft euch, um euch gegenseitig zu ermutigen und zu überlegen, wie ihr an eurer Schule gemeinsam etwas für Gott tun könnt.

Ich muss dich aber vor einer Sache warnen: Obwohl es wichtig ist, sich mit anderen Christen an deiner Schule zusammenzutun, solltet ihr kein frommes Grüppchen werden, das sich von den anderen Schülern isoliert. Deine Schule braucht keine Cliquen – und schon gar keine christliche.

Christliche Leiter müssen Zeit mit Menschen verbringen, die Jesus nicht kennen. Nur so werden sie die Chance haben, Licht in dieser Welt zu sein.

Wenn ich mit meinen jugendlichen Leitern über andere Christen an ihrer Schule rede, sagen sie mir oft, dass sie eine Menge geheime Christen entdecken. Sie treffen Jugendliche, die Jesus nachfolgen, aber mit niemandem darüber reden und es auch nicht zeigen. Wenn du diese Christen findest, ergeben sich gute Möglichkeiten zusammenzuarbeiten und gemeinsam zu wachsen.

Du kannst dir sicher sein, dass es auf deiner Schule eine ganze Reihe Jugendlicher gibt, die ebenfalls in eine Gemeinde gehen. Nicht alle von ihnen sind Christen oder folgen Jesus nach, aber sie können dir helfen, einen Unterschied an deiner Schule zu machen. Triff dich mit ihnen und unterstützt euch gegenseitig. Eure Gemeinschaft wird dir und anderen helfen, verantwortungsvoller zu leben.

In der Gemeinde ist es einfach, Jesus nachzufolgen, weil du von Christen umgeben bist. In der Schule ist das nicht so leicht, weil du in der Unterzahl bist. In der Gemeinde fühlst du dich sicher, wenn du über deinen Glauben redest, weil die anderen deine Ansichten teilen. In der Schule bist du umgeben von vielen unterschiedlichen Meinungen.

Deswegen verstecken viele ihren Glauben, wenn sie in der Schule sind, und warten auf die nächste Gemeindeveranstaltung, um ihn zu zeigen.

Das muss aber nicht so sein! Wenn andere Christen an deiner Schule wissen, dass du Jesus nachfolgst, wird euer Teamgefühl stärker. Das wird dir Kraft geben, deinen Glauben aktiv in deiner Schule zu leben.

Über den Horizont hinaus

Unterstütze andere

Wenn jugendliche Leiter Veranstaltungen außerhalb der Gemeinde (Stadtfest, Sportfest, Schulfest, Tag der Offenen Tür etc.) unterstützen, kann man sehen, dass ihnen ihre Schule, ihre Stadt oder ihr Verein wichtig ist.

Versteck dich nicht hinter den Mauern deiner Gemeinde. Geh raus und beteilige dich an Aktivitäten und lerne Menschen kennen, die Jesus noch nicht kennen. So kannst du ihnen zeigen, wie jemand lebt, der Jesus nachfolgt.

Ich höre oft von Organisatoren anderer Veranstaltungen: „Kirchen wollen immer, dass wir *ihre* Veranstaltungen unterstützen, aber sie wollen mit *unseren* nichts zu tun haben."

Lasst uns diese Wahrnehmung von Kirchen ändern.

Setz dich für deine Schule und für deine Stadt ein. Denk dran: Gott hat dich dorthin geschickt, um ihn bekannt zu machen (mehr Liebe, mehr Frieden, mehr Freude usw.).

Wenn du zu einer Veranstaltung außerhalb der Gemeinde gehst, dann zieh bitte kein frommes T-Shirt an oder trage eine Bibel unter deinem Arm. Es gibt keinen Grund, Theater zu spielen. In Matthäus 23 richtet sich Jesus mit sehr scharfen Worten an Menschen, die eine Show aus ihrer Religion machen. Sei einfach du selbst.

Wehe euch, ihr Schriftgelehrten und Pharisäer, ihr Heuchler! Ihr reinigt das Äußere eurer Becher und Schüsseln, ihr Inhalt aber zeugt von eurer Raubgier und Maßlosigkeit.
26 Du verblendeter Pharisäer! Sorg zuerst dafür, dass der Inhalt des Bechers rein ist, dann wird auch das Äußere rein sein.
Matthäus 23, 25-26 (NGÜ)

Ich habe mal eine Jugendgruppe gesehen, die sich gemeinsam ein Basketballspiel der Schulmannschaft angeschaut hat. Sie saßen alle zusammen in einer Gruppe, abgesondert von den anderen Fans – ein frommes Exklusivgrüppchen. Sie waren nicht das Licht der Welt, im Gegenteil: Sie haben andere davon abgehalten, Gott kennenzulernen. Ein nichtkirchlicher Jugendlicher neben mir sagte: „Das sind die Wichtigtuer der Baptistengemeinde. Die sind sich zu gut, um bei uns zu sitzen." Diese Worte brachen mir das Herz. Diese Jugendgruppe hat mehr von Jesus abgelenkt, als dass sie jemandem geholfen hätte, ihn kennenzulernen.

Wenn du bei Schulaktivitäten (oder anderen Veranstaltungen außerhalb deiner Gemeinde) mitmachst, geht es nicht darum, deinen Ruf zu verbessern. Viel wichtiger ist es, positiven Einfluss auf deine Schule zu nehmen. Wenn du mit anderen aus deiner Gemeinde bei Schulveranstaltungen bist, dann sollen andere Schüler eine Gruppe Jugendliche sehen, die gerne zusammen sind und sich um andere kümmern.

Gute Beziehungen sind die beste Werbung für deine Jugendgruppe. Wenn Menschen deine Freundschaften attraktiv finden, werden sie offener dafür sein, deine Gemeinde zu besuchen. Und wenn sie deine Gemeinde besuchen, werden sie von Gott hören und seine Liebe erfahren.

Ich ermutige dich, gute Veranstaltungen (also nichts Unmoralisches) außerhalb deiner Gemeinde zu unterstützen. Wenn bekannt wird, dass deine Gemeinde Schulveranstaltungen unterstützt, wird es deine Gemeinde in ein sehr gutes Licht rücken.

Es ist im Grunde sehr einfach, die Beziehung zwischen deiner Gemeinde und deiner Schule, Stadt oder Verein zu verbessern. Und in der heutigen Welt ist das etwas sehr Gutes.

Ganz persönlich

Triff die Neuen

In jedem neuen Schuljahr gibt es gute Möglichkeiten, den neuen Schülern deiner Schule zu dienen. Ich meine die Schüler, die die Schule gewechselt haben oder aus einer anderen Stadt zugezogen sind. Jeder Jugendliche, der in eine neue Gegend zieht, erlebt sehr große Veränderungen in seinem Leben und wird sich über jede kleine Aufmerksamkeit und jeden neuen Freund freuen.

Für manche ist der Umzug die Möglichkeit, neu anzufangen, eine neue Identität aufzubauen und den schlechten Ruf von früher hinter sich zu lassen. Natürlich ändert nicht jeder sein Leben zum Guten, aber trotzdem sollte jeder neue Schüler begrüßt werden und besondere Hilfe bekommen.

Für die meisten Jugendlichen ist ein Umzug eine mittelschwere Katastrophe. Alle Bekannten und die gewohnte Umgebung zurückzulassen, macht einsam und unsicher.

Wenn du auf neue Schüler zugehst, werden sie dir dankbar sein. Warte nicht darauf, dass die Lehrer einen neuen Schüler bemerken. Du weißt viel schneller, ob in deiner Schule jemand neu ist.

Nimm dir ein paar Freunde und lerne neue Schüler kennen. Sei interessiert an ihnen und sag, dass sie zu dir kommen können, wenn sie Hilfe brauchen. Solche Kontakte können der Anstoß für Freundschaften werden, die Antwort auf Gebete sein und die Tür deiner Jugendarbeit weit öffnen, sodass andere Jesus kennenlernen.

Die ersten paar Tage in der Schule sind sehr wichtig für neue Freundschaften. Was wäre, wenn du und die anderen aus der Gemeinde die Ersten wären, die „die Neuen" kennenlernen? Es kann sein, dass du das Leben eines anderen Menschen dadurch positiv veränderst. Das ist eine sehr spannende Sache.

Nachdem du Kontakte geknüpft hast, kannst du deine neuen Freunde zur Jugendgruppe einladen. Stell sicher, dass jemand in der Gemeinde auf sie zugeht. Wenn du dich mit anderen aus deiner Gemeinde um neue Schüler kümmerst, erleben sie durch dich die Kraft des Evangeliums, bevor sie überhaupt davon gehört haben.

> Ein kleine Warnung: Sei dir darüber im Klaren, dass es wirklich nur darum geht, neue Leute willkommen zu heißen. Es geht um die Menschen, nicht um deine Gemeinde. Du bist keine „Mitglieder-Ernte-Maschine".

Gib Gott die Ehre, indem du dich wirklich um Menschen kümmerst. Versuche nicht, sie auf aggressive Art und Weise in die Gemeinde zu drängen – das wäre penetrant und falsch. Kümmere dich um Menschen, und wenn sich die Gelegenheit ergibt, lade sie ein.

Zusammenfassung

Und eine Herausforderung

In deiner Schule gibt es viele Möglichkeiten, anderen zu zeigen, wie Gott ist. Aber es ist schwierig, etwas Bedeutungsvolles alleine zu erreichen. Finde wenigstens einen anderen jugendlichen Leiter, fang an zu beten und zu träumen, was alles in deiner Schule passieren könnte.
Einige jugendliche Leiter in unserer Gemeinde haben beispielsweise Bibelgruppen gestartet, Gebetskreise oder Veranstaltungen organisiert. Andere haben den Schulen die Räume unserer Gemeinde angeboten, um Events zu veranstalten. So sind viele Schüler gewissermaßen „Schulpastoren" geworden.

Denke immer an diese zwei Dinge:

- Deine Schule ist ein Ort, an den du Gottes Liebe bringen kannst,
- Jesus ist für die Sünden der anderen Schüler gestorben.

Du wirst deine Schule mit anderen Augen sehen, wenn du daran denkst.

Ich möchte dich herausfordern, ein Herz für deine Schule zu entwickeln. Schreibe drei Dinge auf, die du in den nächsten 4 Wochen tun kannst, um deiner Schule zu dienen. Denk daran: Es geht nicht um dich. Versuche nicht die beliebteste Person an deiner Schule zu werden – sei einfach ein Licht für Gott.

Was Alyssa dazu sagt

Ich gehe sehr gerne zur Schule. Jeder, der mich kennt, weiß, dass ich oft davon schwärme, wie toll meine Schule ist. Aber egal wie super ich meine Schule finde, ich merke, dass sie mir noch nicht wichtig genug ist. Manchmal konzentriere ich mich lieber auf den Dienst in der Gemeinde, anstatt mich um Schulsachen zu kümmern. Obwohl es natürlich in Ordnung ist Prioritäten zu setzen, ist es nicht gut, die Schule so zu vernachlässigen.

Ich habe zwar nicht viel Zeit für andere Veranstaltungen, weil ich in der Gemeinde mitarbeite, aber es ist trotzdem wichtig, dass ich regelmäßig für meine Schule bete.

Mir hat der Vorschlag von Doug geholfen, eine andere Person zu finden, mit der ich zusammen für meine Schule beten kann.

1

2

3

4

5

6

7

8

9 Leiter investieren in andere Leiter

9

Leiter investieren in andere Leiter

Ich habe schon in der elften Klasse gemerkt, dass Gott mich für die Arbeit in der Gemeinde berufen möchte. Es war kein besonders geistliches oder heiliges Erlebnis. Ich kann mich noch nicht einmal erinnern, woran ich gemerkt habe, dass Gott mich gebrauchen wollte. Ich war ein gewöhnlicher Kleingruppenleiter, doch auf einmal war mir klar, dass Gott noch viel mit mir vorhat.
Obwohl ich nicht viel älter war als die Jungs in meiner Kleingruppe, hat mein Jugendpastor mich gebeten, ihr Leiter zu sein und sie zu begleiten. Es war eine tolle Erfahrung für mich und meine erste Aufgabe in Gottes Reich.

Du solltest dich darauf konzentrieren, in das Leben von anderen zu investieren. Das ist Teil deiner Reise als Leiter.

Paulus und Timotheus

Werde ein Mentor

Wenn du das neue Testament liest, wirst du zwei Bücher finden, die nach einem jungen Leiter benannt sind: Timotheus. Autor dieser Bücher ist der Apostel Paulus, der Timotheus eine Zeit lang angeleitet hat und in sein Leben investierte.

Paulus war ein erfahrener Leiter und Nachfolger von Jesus. Timotheus war jung, folgte Jesus noch nicht lange nach, hatte keine Erfahrung als Mitarbeiter und brauchte einen erfahrenen Ratgeber wie Paulus. Eine solche Beziehung nennt man Mentoring: Paulus war der Mentor von Timotheus.

Es gab in diesem Buch schon einige Herausforderungen für dich. Die Idee in diesem Kapitel ist, dass du Gott bittest, dir eine jüngere Person zu zeigen, die du beraten, ermutigen und anleiten kannst. Du bist in der Lage ein Mentor für eine jüngere Person zu sein. Ich will, dass du, wie Paulus, ein Mentor für eine jüngere Person wirst.

Paulus war ein großartiger Leiter und Mentor. Er wollte Timotheus zeigen, wie er ein guter Leiter sein kann. Und er wollte ihm helfen, Hindernisse zu überwinden, die zwangsläufig auftreten, wenn man ein Leiter ist.
Timotheus hatte die gleichen Schwierigkeiten wie jeder junge Leiter. Wenn du die Briefe von Paulus an Timotheus liest, wirst du sehen, wie er behutsam hilft und führt – genau das ist die Aufgabe eines Mentors.

Mentor zu sein ist keine Kleinigkeit. Deshalb musst du deine Motive prüfen und sicherstellen, dass dein Herz am richtigen Fleck ist. Manche Menschen wollen gerne ein Mentor werden, um Jüngere herumkommandieren zu können. Das ist sehr schlecht – außerdem verletzt es andere, wenn du auf diese Weise deinen eigenen Stolz fütterst und dein Selbstbild aufbesserst. So eine falsche Motivation wird Gott nicht belohnen.

> Ich muss mir als Mentor gut überlegen, wie ich das weitergebe, was ich selbst gelernt habe. Ich muss herausfinden, wie ich andere davor bewahren kann, die gleichen Fehler zu machen, die ich als Leiter gemacht habe. Und ich muss lernen, wie ich meine Erfahrungen auf gute Weise weitersagen kann. Das ist ein wertvoller Prozess: Wenn ich bete und darüber nachdenke, wie ich eine andere Person anleiten kann, bekomme ich wertvolle Gedanken für mein eigenes Leben.

Als Mentor entsteht außerdem noch der Wunsch in mir, ein besseres Leben zu leben. Alle Mentoren, die ich kenne, erleben das. Diese E-Mail von Rachel beschreibt den Gedanken, der dahinter steht: „Wenn du Mentor bist, bekommst du automatisch den Wunsch, ein besseres Leben zu führen. Der Grund ist einfach: Ein anderer Mensch nimmt dein Leben als Vorbild – und du willst ja nicht sein Leben vermasseln, indem du ein schlechtes Vorbild bist."

Mentor zu sein bedeutet, anderen Menschen Schritte zu zeigen, die du selbst schon gelaufen bist. Wenn du selbst nicht geistlich wächst oder authentisch leitest, wirst du als Leiter nicht glaubwürdig sein. Deshalb ist es wichtig, dass du – während du ein Mentor für andere bist – deinen eigenen Mentor hast. Er wird dich in der Spur halten und helfen, in die richtige Richtung zu gehen.

Du und Timotheus

Wie du deinen Mentee* findest

Die beste Möglichkeit ist, demütig zu sein und Hilfe anzubieten. Andere werden dich um Rat bitten, wenn sie wissen, dass du gerne hilfst.

Solltest du eine Person finden, für die du gerne Mentor sein möchtest, frag sie, ob sie Zeit mit dir verbringen möchte. Du könntest sie bitten, dir bei deiner Aufgabe in der Gemeinde zu helfen. Du lernst sie bei der gemeinsamen Arbeit besser kennen.

Aber achte darauf, dass der andere nicht das Gefühl bekommt, dass du auf ihn herabsiehst oder dich für etwas Besseres hältst. (Übrigens: Es ist das beste, wenn Jungs Mentor für Jungs werden und Mädels für Mädels. Dann ist die Motivation deutlicher!)

Dein Ziel als Mentor ist es – neben deinen eigenen Erfahrungen – weiterzugeben, was du von anderen Leitern gelernt hast. Wenn dein Mentee irgendwann in der Lage ist, selbst einen Menschen anzuleiten, warst du erfolgreich.

* So nennt man die Person, für die du ein Mentor bist.

Mentoring: Große Aufgabe, schlechte Einstellung

Achte auf dein Herz

Als Paulus Mentor von Timotheus war, warnte er ihn:

Dieses Ziel haben jene Leute aus den Augen verloren, und daher ist alles, was sie von sich geben, leeres Gerede. Sie wollen Lehrer des Gesetzes sein, das Gott durch Mose gegeben hat, und dabei verstehen sie nichts von dem, wovon sie reden und worüber sie solche selbstsicheren Behauptungen aufstellen.
1. Timotheus 1,6-7 (NGÜ)

Weil du (wie Timotheus) ein junger Leiter und Mitarbeiter bist, will ich dir eine ähnliche Warnung geben: Halte dich nicht für den Lehrer. Ein guter Mentor weiß, dass er selbst auf dem Weg ist und noch vieles lernen muss.
Du brauchst keinen Doktortitel, um ein Mentor zu sein, aber du musst demütig sein. Wir wissen genau, dass wir ohne Gottes Liebe, Vergebung und Gegenwart niemandem etwas geben können. Eine demütige Einstellung zeigt, dass du deine Grenzen kennst und weißt, dass du noch eine Menge lernen kannst, um ein guter Mentor zu sein.

Arrogant sein (meinen, man wüsste alles) ist eine schlechte Einstellung und ein negatives Vorbild. Du wirst dich damit blamieren. Demut (zugeben, dass man nicht alles weiß) kommt aus einem Herzen, dass Gott sucht und erlebt, wie sehr er uns liebt.
Deswegen solltest du viel Wert auf dein Herz – also dein inneres Leben und deine Reise mit Jesus – legen. Es ist das, was Gott am wichtigsten ist. Die härteste Kritik von Jesus richtete sich an die Leiter und Mitarbeiter der Gemeinde, die mehr auf die Äußerlichkeiten achteten als auf ihr Inneres – ihr Herz.

Jesus sagt:

Wehe euch, ihr Schriftgelehrten und Pharisäer, ihr Heuchler! Ihr seid wie weißgetünchte Gräber: Von außen sehen sie

schön aus, innen aber sind sie voll von Totengebeinen und von Unreinheit aller Art. Genauso seid auch ihr: Nach außen hin erweckt ihr bei den Menschen den Anschein, gerecht zu sein, in Wirklichkeit aber seid ihr voller Heuchelei und Gesetzlosigkeit.
Matthäus 23,27-28 (NGÜ)

Die persönliche Nachfolge muss für einen Leiter, der Gott und anderen dienen möchte, die höchste Priorität haben. Bitte deinen Mentor, eine Art „Reisebegleiter" für deine Reise mit Jesus zu werden. Das ist die beste Möglichkeit, deine Beziehung mit Gott nicht aus den Augen zu verlieren.
Erlaube ihm, regelmäßig mit dir über dein Leben und Gott zu reden. Bitte ihn darum, dir tiefgehende Fragen zu deinem geistlichen Wachstum und dem Zustand deines Herzens zu stellen.

Es passiert Leitern sehr schnell, dass sie diese Prioritäten verschieben. So wie bei den Schriftgelehrten: Äußerlich gesund aussehen und innerlich geistlich tot sein.

Mentoring ist eine große Aufgabe und setzt ein demütiges Herz voraus.

Für die Gemeinde

Hilf anderen ihre Gabe zu entdecken

Wusstest du, dass Gott allen Christen eine geistliche Gabe versprochen hat? Wenn nicht, dann solltest du spätestens jetzt davon erfahren. Manchen Christen ist nicht klar, dass Gott sie begabt hat.*

Die zwei Herausforderungen an dich sind:

1. deine eigenen Gaben herausfinden,
2. anderen helfen, ihre Gaben zu entdecken.

* Du kannst über diese geistlichen Gaben noch mehr erfahren, wenn du Römer 12; 1. Korinther 12+14 und Epheser 4 liest.

Als Erstes musst du deine Gaben kennen. Wenn du sie noch nicht kennst, fang bald damit an, sie zu entdecken. Danach kannst du anderen helfen, ihre Gabe kennenzulernen.

> Ich freue mich sehr darüber, einem neuen Nachfolger von Jesus sagen zu können: „Herzlichen Glückwunsch! Du bist begabt! Gott möchte dich für etwas Wichtiges gebrauchen." Es ist schön, wenn Menschen verstehen, dass Gott sie so sehr liebt, dass er sie begabt hat.

Erzähle deinen Freunden von den geistlichen Gaben und hilf ihnen, sie zu entdecken. Wenn sie ihre Gaben benutzen, werden sie begeistert sein und wiederum andere beim Entdecken ihrer Gaben unterstützen.

Lob ist eine gute Möglichkeit, andere auf ihre Gaben aufmerksam zu machen. Wenn dir auffällt, dass eine Person zu etwas begabt ist, dann sag es ihr. Mit so einer Bestätigung motivierst du sie, sich mehr damit zu beschäftigen und zu überlegen, wie sie anderen mit dieser Gabe dienen kann.
Außerdem hilfst du anderen, etwas zu sehen, das sie selbst vielleicht noch nicht bemerkt haben. Das ist besonders wertvoll bei Menschen, die sehr unsicher sind.

> Mir hat mein Jugendpastor geholfen, meine Gaben zu entdecken, als ich noch zur Schule ging. Ich habe mich selbst nie als Leiter oder Lehrer gesehen – er schon. Als er mich ermutigte, diese Gaben einzusetzen, wollte ich mich erst mal genau darüber informieren.
> In der Bibel habe ich einiges zur „Gabe des Lehrens" gelesen. Danach suchte ich nach Möglichkeiten, diese Gabe in unserer Jugendarbeit auszuprobieren.
>
> Ich habe das nur getan, weil mein Jugendpastor Jim mir damals von den geistlichen Gaben erzählte, mir half sie zu entdecken und mir ermöglichte sie zu nutzen. Ich konnte Erfahrungen sammeln, Jim hat mich ermutigt und mir Aufgaben gegeben, die zu meinen Gaben passten.

Niemand bekommt alle geistlichen Gaben geschenkt, aber jeder Christ hat mindestens eine. Welche Gaben siehst du in Menschen, mit denen du gemeinsam arbeitest? Und wie kannst du sie unterstützen und ausbauen? Ich fordere dich heraus, andere Menschen zu ermutigen, ihre Gaben weiterzuentwickeln.

Für deine Freunde

Ermutige sie auf ihrer Reise

Ermutigung ist für andere Menschen genauso wie Wasser für Gras – ohne Wasser wächst es nicht. Ermutigung hilft Menschen sich weiterzuentwickeln. Niemand wird sein Potenzial ausleben können, wenn er sich nicht ermutigt fühlt. Du wirst überrascht sein, was passiert, wenn du andere ermutigst.

> Ich habe in all den Jahren gelernt, dass Dienen nie ein Ende nimmt. Ich habe noch nie jemand sagen hören: „So! Ich bin jetzt vollkommen! Es gibt nichts mehr für mich zu lernen. Ich bin geistlich ausgewachsen." Es ist nicht möglich, perfekt zu sein.

Für einen Nachfolger von Jesus gibt es immer mehr zu lernen, zu erleben und zu tun: Es wird immer Menschen geben, die Jesus noch kennenlernen müssen. Es wird immer Christen geben, die ihren Glauben vertiefen müssen. Es wird immer Not geben, die gelindert werden muss. Es wird immer Veranstaltungen geben, die geplant werden müssen, und Gott kann immer noch mehr Ehre bekommen. Es gibt immer mehr!

Am Ende dieses Kapitels möchte ich dich herausfordern, eine wichtige Rolle im Leben anderer Menschen zu übernehmen: Ermutige ihr geistliches Wachstum. Jeder braucht das.

Es passiert sehr schnell, dass man in seinem Wachstumsprozess entmutigt ist. Vielleicht hast du das auch schon erlebt. Es ist schwer zu wachsen, wenn du ganz alleine bist. Ich kenne viele Teenager, die es genießen, einen Freund zu haben, weil sie sich nicht alleine um ihr geistliches Wachstum bemühen müssen. Deine Aufgabe ist es, so ein Freund und Mentor für einen anderen Menschen zu werden.

Geistliches Wachstum kann man am besten als eine lebenslange Reise verstehen. Die Reise kann einsam sein, wenn du alleine unterwegs bist und es niemanden gibt, der dich anfeuert.
Dein geistliches Leben bewegt sich entweder vorwärts, steht still, oder es läuft rückwärts.

Der Fachbegriff für diese geistliche Reise ist das Wort Heiligung. Es bedeutet, dass Christen sich verändern und Jesus ähnlicher werden können. Heiligung ist etwas anderes als neues Leben: Neues Leben in Christus bekommen wir *sofort*, wenn wir Jesus unser Leben anvertrauen. Heiligung dagegen ist ein *Prozess*, der länger dauert. Wir sind nicht von einem Moment auf den nächsten geistlich reife Christen.

Vielmehr wissen wir: Wenn jemand zu Christus gehört, ist er eine neue Schöpfung. Das Alte ist vergangen; etwas ganz Neues hat begonnen!
2 Korinther 5,17 (NGÜ)

Werde ein Leiter, der andere auf dieser Reise ermutigt: Bete, stelle Fragen, nimm jemanden mit zur Gemeinde, triff dich mit anderen und redet über die geistliche Reise. Ermutigung kann alles sein, was einem anderen Menschen Hoffnung gibt.

Geistliche Ermutigung von einem jugendlichen Leiter und Mitarbeiter ist kraftvoll. Sie sollte zu einem deiner Werkzeuge werden, mit dem du Freunde liebevoll zu geistlichem Wachstum motivierst.

Die meisten Christen wünschen sich eine andere Person in ihrem Leben, die sich um sie bemüht und ihnen hilft, einen tieferen Glauben zu entwickeln. Du kannst so eine Person werden und anderen bei den Schritten helfen, die du auch gehen möchtest.

Noch ein Gedanke und eine Herausforderung

Ich danke Gott regelmäßig dafür, dass jeder von uns andere Menschen braucht. Gott will nicht, dass wir ein Leben in Isolation führen. Er hat uns so geschaffen, dass wir miteinander leben, kommunizieren und voneinander abhängig sind.

Gott weiß, dass ich es nicht alleine schaffen kann, ihm nachzufolgen. Er weiß, dass ich Menschen brauche, die eine wichtige Rolle für mein geistliches Wachstum spielen.

Ich bin sehr dankbar für die viele Freunde, Mentoren und Vorbilder, die mein Leben beeinflusst haben. Viele von ihnen werden nie erfahren, wie sehr sie mein Leben geprägt haben.

Vielleicht wirst du selbst auch nie erfahren, wem alles du auf seiner geistlichen Reise geholfen hast. Ich finde den Gedanken daran sehr motivierend: Irgendwo auf der Welt gibt es Menschen, die ihr Leben mit und für Jesus leben, weil ich einen kleinen Einfluss auf ihr Leben hatte und Gott diesen Einfluss zu seiner Ehre benutzt. Ist es nicht großartig, sich so etwas vorzustellen?

Hier ist meine Herausforderung: Mach dir eine Liste von Menschen, in die du in Zukunft gezielt investieren willst. Bete für sie und suche nach Möglichkeiten, ihr Leben zu beeinflussen. Du wirst eines Tages dankbar sein, dass du es getan hast. Und sie auch!

Was Alyssa dazu sagt

In der letzten Zeit hat Gott meine Aufmerksamkeit oft auf das Mentor-Sein gerichtet. Eine Freundin hat mich gebeten, ihr regelmäßig Fragen zu stellen, die ihr geistliches Wachstum fördern. Ein anderes Mädchen hat mich gefragt, ob wir uns wöchentlich treffen können, um über ihre Reise mit Jesus zu reden.

Ich habe es nicht getan, weil mir andere Termine wichtiger waren. Obwohl Gott mir eigentlich sehr deutlich gezeigt hat, dass ich Zeit in andere Personen investieren soll, habe ich nicht auf ihn gehört – bis ich dieses Kapitel gelesen habe (ich habe es sogar mehrmals gelesen).

Ich habe gemerkt, dass man häufig sehr beschäftigt ist und Mentor-Sein schnell zur Nebensache wird. Dieses Kapitel hat mich daran erinnert, dass es sich lohnt, ein Mentor zu sein.

Die letzte(n) Seite(n)

Fazit

Glückwunsch! Nicht viele Teenager schaffen es, freiwillig ein Buch bis zum Ende zu lesen. Ich bin sehr stolz auf dich! Ich würde dich gerne eines Tages treffen und hören, was du gelernt hast und welche Auswirkungen die Herausforderungen in diesem Buch in deinem Leben hatten.

Hoffentlich bist du auch selbst ein wenig stolz auf dich – ein Buch zu lesen, das dein Leben verändern kann, ist eine große Sache!

Beim Schreiben habe ich dafür gebetet, dass du dich herausgefordert fühlst, Gott von ganzem Herzen für den Rest deines Lebens zu dienen. Ich hoffe, du hast gespürt, wie sehr ich an Jugendliche (also an dich) glaube.

Ich habe mein ganzes Leben dafür eingesetzt, Jugendlichen wie dir zu zeigen, was passiert, wenn der Gott des Universums in ihr Herz kommt. Wenn du auf seine Kraft vertraust, kannst du die Welt verändern.

Bevor ich diese letzte Seite geschrieben habe, habe ich das ganze Buch nochmal durchgelesen. Diese neun Kapitel sind voll mit Ideen und einigen schwierigen Herausforderungen, die dich verändern sollen. Ich freue mich, dass ich nun endlich fertig bin, und ich hoffe, dass du einige der Ideen in deinem Leben umsetzt.

Jetzt am Ende des Buches wirst du anders sein als an dem Tag, an dem du dieses Buch bekommen hast.

Erinnerst du dich an die Aufgabe im ersten Kapitel? Du hast deine erste Definition von Leiten aufgeschrieben. Du solltest sie am Anfang notieren, damit du sehen kannst, wie sie sich verändert, nachdem du das Buch zu Ende gelesen hast. Jetzt ist es an der Zeit, deine neue Definition von Leiten aufzuschreiben.

Notiere dir auch noch ein paar Dinge, die du über das Leiten gelernt hast. Überspringe diese letzte Herausforderung nicht! Sie könnte ein wichtiger Anstoß in die richtige Richtung sein und dich auf deiner Reise als Leiter einige Schritte vorwärts bringen.

Es wäre auch sehr schön, wenn du uns an deinen Erfahrungen teilhaben lässt. Bitte schreib eine E-Mail an info@simplyyouthministry.de und erzähle, was du gelernt hast und wie du es in deinem Leben umsetzen möchtest.

Wirf dieses Buch nicht weg – es kann gut sein, dass du dir später nochmal ein paar Ideen ansehen willst.
Solltest du einmal den Mut verlieren, schlag es wieder auf und erinnere dich daran, dass Gott unvollkommene Menschen wie dich und mich benutzt. Denk an mich, einen alten Jugendpastor irgendwo in Kalifornien, der dich in deinen Bemühungen, ein guter Leiter zu sein, anfeuert.
Aber viel wichtiger als mein Anfeuern ist die Tatsache, dass der Gott der Unmöglichkeiten darauf wartet, dir seine Kraft zu geben. Er will dich füllen, leiten, benutzen, verändern, dir beim Wachstum helfen und dich zu einem Leiter formen, der ihn über alles liebt.

Genieße dieses Abenteuer!

Niemand hat ein Recht, auf dich herabzusehen, nur weil du noch jung bist. Sei den Gläubigen ein Vorbild in allem, was du sagst und tust, ein Vorbild an Liebe, Glauben und Reinheit.
1. Timotheus 4,12 (NGÜ)

iLife - Echte Freundschaften leben

Material für 5 klomplette Jugendgottesdienste

Spart Vorbereitungszeit und ermöglicht dir, in Beziehungen zu investieren.

Überblick

Freundschaften sind für die meisten Menschen sehr wichtig. Wir möchten gerne jemanden haben, der mit uns durch dick und dünn geht. Aber: Haben wir schon mal darüber nachgedacht, wie wir selbst ein guter Freund für andere sein können? Die Bibel möchte uns dabei helfen, diese oft vergessene Frage zu beantworten und uns helfen, echte statt oberflächlichen Freundschaften zu leben. Sie gibt uns wertvolle Ratschläge für den richtigen Umgang miteinander und mit ein paar praktischen Tipps ist es nicht schwierig, sie im eigenen Leben umzusetzen. Die Themen der fünf Predigten sind: Vergeben, Akzeptieren, Ermutigen, Dienen und Achten (aber wahrscheinlich hast du dir das schon gedacht, als du das Cover gesehen hast).

Inhalt

- Predigten als MP3 für den schnellen Überblick
- Ausführliche Predigtnotizen im Modul-System (benutze das, was dir gefällt und verändere, was du nicht brauchen kannst)
- PowerPoint®-Präsentationen für die Predigten
- Handouts für die Zuhörer
- Kleingruppenmaterial für Leiter und Teilnehmer
- Spiele, Illustrationen, Videoclips
- Grafikvorlagen für Flyer, Webseiten usw. (inkl. Photoshop®-Datei)
- Hintergrundgrafiken zur alternativen Präsentationsgestaltung

www.simplyyouthministry.de

Beziehungsorientiertes Arbeiten (Freundschaften bauen) ist in der Jugendarbeit unersetzlich. Unsere fertig vorbereiteten Predigtserien geben dir die Möglichkeit, Vorbereitungszeit zu sparen, die du in Freundschaften investieren kannst. Es hört sich seltsam an, aber es funktioniert. Auf unserer Webseite kannst du dir einzelne Predigten zum Ausprobieren runterladen.

Rufen ohne zu Schreien - Evangelisation leben

Überblick

Das Wort Evangelisation erzeugt bei jedem Menschen unterschiedliche Vorstellungen. Einige sind begeistert, aber die meisten kommen ins Schwitzen. Dabei ist es ganz einfach, die Menschen um uns herum zu einem Leben mit Jesus einzuladen, ohne dass es sie abschreckt (Daher der Titel: Rufen ohne zu Schreien). Jede Woche behandelt eine andere Möglichkeit der
Evangelisation, die wir ausprobieren können:

Woche 1: Freundschaften - Woche 2: Lebensstil - Woche 3: Worte

Diese Predigtserie fordert uns heraus, unser alltägliches Leben zu nutzen, um anderen zu zeigen, wie gut es ist, Jesus nachzufolgen.

Inhalt

- Predigten als MP3 für den schnellen Überblick
- Ausführliche Predigtnotizen im Modul-System (benutze das, was dir gefällt und verändere, was du nicht brauchen kannst)
- PowerPoint®-Präsentationen für die Predigten
- Handouts für die Zuhörer
- Kleingruppenmaterial für Leiter und Teilnehmer
- Spiele, Illustrationen, Videoclips
- Grafikvorlage zum Drucken eines Flyers
- Hintergrundgrafiken zur alternativen Präsentationsgestaltung

www.simplyyouthministry.de

Buch der Fragen

Auf den nächsten Seiten findest du ein paar Beispiele

Ein Leben ohne Fragen ist oberflächlich.

Fragen sind wichtiger als Antworten. Jemand hat mal gesagt: „Fragensteller sind Weichensteller." Wir sollten niemals aufhören, Fragen zu stellen. Aber das Leben sieht manchmal anders aus: Wir geben uns mit vorschnellen Antworten zufrieden, denken nicht nach und wundern uns am Ende, wo wir gelandet sind.

Dieses kleine Buch stellt dir Fragen, die unter die Oberfläche gehen. Du wirst über dein Leben nachdenken und lernen, mehr und bessere Fragen zu stellen.

Eine gute Anfangsfrage in viele Situationen ist: „Was möchte Gott mir beibringen?" Niemand ist perfekt und wir alle sollten so lange Fragen stellen, bis wir die Wahrheit gefunden haben.

Dieses Buch ist keine vollständige Liste aller guten Fragen auf der Welt. Stattdessen geht es um geistliche Wahrheiten, den Zustand deines Herzens und um dein Leben. Hoffentlich findest du nicht nur ein paar gute Antworten, sondern lernst auch, gute Fragen zu stellen.

Ein paar Dinge, die du mit diesem Buch tun kannst: Antworten aufschreiben, beten, Fragen stellen, mit anderen Leuten drüber reden, deinen Freunden die gleichen Fragen stellen, usw. Mach, was du möchtest.

Eine Herausforderung solltest du aber nicht vergessen: Geh richtig tief. Gib dich nicht mit schnellen Antworten zufrieden. Sei still (d.h. halt die Klappe), reflektiere, bitte Gott um Hilfe. Tu alles, um nicht an der Oberfläche hängen zu bleiben.

Gott ist an jeder Stelle gleichzeitig (das Fachwort heißt Omnipräsenz). Wir können ihn aber übersehen. Was hindert dich daran, zu sehen, dass Gott in deinem Leben ist?

Wann hast du das letzte Mal etwas Schlechtes über jemanden gedacht? Was hast du dabei gedacht und gefühlt?

Nenne vier Dinge, die du im Leben bisher erreicht hast, auf die du besonders stolz bist.

Schreibe zehn positive Aussagen auf, die sich Menschen auf deiner Beerdigung über dich erzählen sollen. Und fünf, die du auf keinen Fall hören möchtest.

Hast du schon mal Kritik oder Feedback von einem Freund bekommen, das schwierig zu akzeptieren war? Warum war es so schwer?

Wie viel redest du? Ist das zu viel? Welchen Einfluss und welche Kraft haben deine Worte?

www.simplyyouthministry.de